Heldenbrevier Havena

Reiseberichte aus der Hafenstadt

Impressum

Verlagsleitung
Markus Plötz

Redaktion
Nikolai Hoch

Autor
Carolina Möbis

Lektorat
Thorsten Most, Josch K. Zahradnik

Korrektorat
Claudia Waller

Künstlerische Leitung
Nadine Schäkel

Coverbild
Janina Robben und Nadine Schäkel

Innenillustrationen
Katharina Niko

Satz, Layout und Gestaltung
Mirko Bader

Printed in EU 2022

Heldenbrevier Havena

Reiseberichte aus der Hafenstadt

von

Carolina Möbis

mit Dank an

Anton Weste

Inhalt

I

Spurlos

»Wer immer das hier liest, ist wohl in der gleichen Lage wie ich. Mein Mitleid hast du, Unglücklicher. Denn so wie ich weißt du jetzt, dass hier unten nur der Tod lauert. Mein Tod wird grausam sein. Ich werde verdursten. Umgeben von Wasser, werde ich verdursten. Oder dieses Ding wird mich töten. Was soll ich tun? Langsam sterben, oder schnell? Ich weiß es nicht. Wenn ich das hier überlebe, dann schwöre ich bei den Zwölfen, dass ich etwas Besseres mit meinem Leben anfangen werde. Wenn mich nur irgendjemand hören würde. Ich flehe Euch an, Götter, lasst Gnade vor Recht ergehen und erbarmt Euch meiner verlorenen Seele.«

- Schriftzug an den Wänden einer Ruine der Unterstadt

An Meriwen Saordubh, Honingen
5. Peraine 1040 BF

Liebe Meriwen,

Ich hoffe, Du bist gut in Honingen angekommen, und vielleicht habt ihr ja die kleine Efferlill schon auf die Welt gebracht. Ich wünsche euch jedenfalls, dass Mutter und Kind wohlauf sind, ebenso wie Du. Ich habe diesem Brief einige Kräutermischungen beigelegt, die auf einem unserer Schiffe frisch aus dem Horasreich eingetroffen sind, und die die Wöchnerin stärken werden. Die anderen sollten die Gliederschmerzen Deiner Mutter lindern können. Ich habe Dir leider traurige Neuigkeiten zu berichten. Wie zu erwarten war, ist mein Bruder nun zu Boron gerufen worden.

Eine Erlösung für alle, am meisten für ihn selbst. Die letzten Stadien der Krankheit waren kaum noch zu ertragen. Ich schäme mich dafür, dass ich erleichtert bin, nicht mehr täglich Stunden bei einem Sterbenden am Krankenbett sitzen zu müssen. Dass Halmans Leidensweg nun vorüber ist, erfüllt mich jedoch mit innerer Ruhe, und ich kann mich endlich wieder voll und ganz den Angelegenheiten des Rats widmen. Die Totenfeier haben wir gestern hinter uns gebracht. Es war alles in allem eine sehr würdevolle Angelegenheit, die, wenn man so will, dem stillen, aber

aufrechten Wesen meines Bruders gerecht wurde. Wir versammelten uns am Totenpier und beobachteten das Boot des Borongeweihten, der die Asche kurz vor der Boroninsel auf einem kleinen Floß den Wellen übergab.
Wie sich Halman in seinen letzten Tagen gewünscht hatte, fand die Feier im engsten Familienkreis statt. Also knapp fünf Dutzend Leute, darunter nicht wenige Mitglieder des Rats der Kapitäne und einiger Patrizierfamilien, die ihm die Ehre erweisen wollten und die ich nicht ausladen konnte.
Im Anschluss an die Übergabe der Asche lud ich Familie und Freunde direkt aufs Vergnügungsschiff Rethis zum Leichenschmaus. Ich versichere Dir, es wurde an nichts gespart, und unter vielen Runden Feengeist, Goldbrannt und Windhager Armey feierten wir Halmans Leben. Jeder gab Geschichten zum Besten, je später der Abend, desto schlüpfriger wurden sie. Sogar ich erfuhr noch einiges über die Jugendsünden meines älteren Bruders, aber keine Sorge, Liebste, in meinem Alter reizt mich nichts mehr davon zur Nachahmung.
Darüber hinaus wurde allgemein sehr bedauert, dass Du nicht zugegen sein konntest. Obwohl ich die Feierlichkeiten als gelungen bezeichnen kann, in dem Wissen, dem Anlass und der Würde unserer Familie gerecht geworden zu sein, trübt dennoch ein unschöner Fleck Halmans sauberes Totenwams: Jaemesh fehlte. Nicht nur, dass er

sich während des Totenritus nicht blicken ließ, er erschien nicht einmal zum Leichenschmaus. Zwar hat es niemand gewagt, mich direkt darauf anzusprechen, ob es noch auf Halmans Totenbett ein Zerwürfnis zwischen Vater und Sohn gegeben habe, das zum endgültigen Bruch der Familie mit Jaemesh führte, aber wie Du Dir denken kannst, wurde geredet. Der Junge ist eine Schande. Ich habe doch nicht erwartet, dass er mir bei der Ausrichtung der Feier hilft oder einen Teil der Kosten übernimmt. Der Bursche leidet ohnehin an chronischen Geldnöten. Aber dass er nicht einmal den Anstand besitzt, dem eigenen Vater das letzte Geleit zu geben! Insbesondere, da dieser der Einzige in der Familie war, der noch an ihn geglaubt hat. Ich kann auch auf eine gewisse Art verstehen, dass ein Familientreffen dem nichtsnutzigen Bengel wie das Stehen am Pranger vorkommt, aber das muss ein Mann doch einige Stunden lang aushalten können. Vielleicht liegt es am schweren Kopf, den der Feengeist mir gemacht hat. Aber die Schande, die Jaemesh seinem armen Vater bereitet hat, verzeihe ich ihm nie.

Dein Coran

An Meriwen Saordubh, Honingen
6. Peraine 1040 BF

Liebe Meriwen,

Schon schicke ich Dir den nächsten Brief. Im Haus ist alles beim Alten. Alrik hat sich auf dem Lammfell zusammengerollt, das Du letztes Jahr aus dem Abagund mitgebracht hast. Wann immer es läutet, läuft er bellend zur Tür, und er ist jedes Mal enttäuscht, dass Du nicht davor stehst. Wir vermissen Dich gemeinsam.

Die Sache mit Jaemesh lässt mich nicht los. Inzwischen ist es wieder Abend geworden, und ich frage mich, ob womöglich schlimme Ereignisse der Grund für seine Abwesenheit waren. Ich habe inzwischen nach dem Jungen herumgefragt. Da war gar nichts zu erfahren. Niemand hat ihn in der letzten Zeit gesehen. Ich habe mich sogar an die Collens gewandt, obwohl diese Leute mir seit dem Eklat beim Fischerfest vor einigen Monden verhasst sind. Aber ich erinnerte mich, dass die jüngste Collen gemeinsam mit Jaemesh dort aufgetaucht war. Wie sich herausstellte, ist sie seit einigen Wochen auf Ruadas Ehr eingeschrieben und hat ihm wohl damals den Laufpass gegeben. Also verliefen die Spuren im Sand.

Nun könnte ich mich in der Angelegenheit an die Stadtgarde wenden, aber dann würde ich unweigerlich einen

offiziellen Vorgang schaffen, der sofort eine Ehrenrunde durch sämtliche Verwaltungsorgane der Stadt drehte. Innerhalb eines Tages läge die Geschichte der Fanfare vor, und was diese Zeitungsschreiber aus solchen Vorfällen machen, weiß man ja. Sie würden in Jaemeshs Vergangenheit herumgraben und jede Menge unschöne Jugendsünden zu Tage fördern.

Am Ende steht uns dann noch irgendein leichtes Mädchen auf der Matte, das Gold wittert und behauptet, Mutter von Jaemeshs Kindern zu sein. Der Skandal wäre perfekt. Du kannst Dir also denken, dass ich ein solches Risiko auf keinen Fall eingehen will. Aber zum Glück ist Dein Gatte als Kind nicht vom Ausguck gefallen, und gemäß der alten Regel, dass sich alle Dreckschweine untereinander kennen, fiel mir Meredin Inveric wieder ein.

Ich habe ihn immerhin vor zwei Jahren vor der Moorburg bewahrt. Er schuldet mir etwas, und ich erinnerte mich, dass ich ihn am Abend der Beisetzung auf der Rethis flüchtig gesehen hatte.

Wahrscheinlich betrügt er dort beim Glücksspiel und sucht sich leichtgläubige Handlungsreisende als Opfer seiner nächsten Charade. Ich ließ also keine Zeit verstreichen und suchte noch am selben Abend die Rethis wieder auf. Da fiel mir auf, wie selten meine Besuche in derlei Spielhäusern und Tavernen doch geworden sind, seit ich Dich habe. Und das will ich keinesfalls anders haben.

Der Pfeifenqualm stieg mir unangenehm in die Nase, die Luft erschien mir stickig und das Stimmengewirr war mir lästig, ebenso wie das aufdringliche Parfum mancher Damen. Aber immerhin, wenn man die Rethis als Maßstab nimmt, dann merkt man, wie unser schönes Havena wieder floriert. Von den Entbehrungen des vergangenen Krieges spürt man kaum noch etwas. Ich sah unter den vergnügungswilligen Besuchern auch einige bekannte Gesichter, und mir wurde klar, es wird wieder ausgegangen und gezeigt, was man hat.
Glücksspiel ist mir seit jeher zuwider, aber als ich sah, wie viele unserer Bekannten sich doch an einem gewöhnlichen Arbeitstag an den engstehenden Spieltischen des alten Flussschiffs drängten, konnte ich nicht umhin, mich zu fragen, ob Du vielleicht lieber öfter ausgehen würdest. In dem roten Samtkleid, das Du Dir letztes Jahr hast machen lassen, würdest Du so mancher Lebedame die Schau stehlen. Tatsächlich erinnerte mich die Situation an meine frühen Jahre bei der Marine.
Damals, als ich auf der Efferdswehr vom Seejunker zum zweiten Navigator befördert worden war, nannte ich mich scherzhaft den Büttel zur See. Denn ich hatte oft genug in den Häfen die ungeliebte Aufgabe, desertierte Matrosen wieder einzufangen. Einige der Jungs waren von unlauteren Werbern in die Marine gepresst worden. Viele waren nicht gerade mit Flossen geboren und für den Dienst in

Efferds Gefilden völlig ungeeignet. Diese armen Bauernbengel, die nur wieder nach Hause zu ihren Äckern und Schafsherden wollten, taten mir leid. Darum bemühte ich mich alsbald um eine Versetzung. Obwohl seitdem schon so viele Götterläufe ins Land gegangen sind, setzten die alten Reflexe schnell wieder ein. Während ich unauffällig den Blick durch die Menge schweifen ließ, erspähte ich mein Ziel an einem der Boltantische.

Meredin hatte sich kaum verändert, seit sich das letzte Mal unsere Wege gekreuzt hatten. Seine hochgewachsene, schlanke Gestalt schien immun gegen das Alter, ebenso sein jungenhaftes Lächeln, die makellose Haut und das dunkle, leicht lockige Haar, das er wie immer zu einem lockeren Zopf im Nacken gebunden trug.

Er kleidete sich in der neuesten Mode, sein besticktes Wams besaß horasischen Schick, das Hemd war aus maraskanischer Seide. Ich näherte mich vorsichtig. Meredin sprach mit jenem weichen, vokalbetonten Akzent, wie er im Yaquirbruch gebräuchlich ist. Anscheinend gab er gerade den horasischen Händler, der durstig nach Alkohol und leichten Gewinnen bereit war, von den hiesigen Falschspielern gemolken zu werden wie ein Abagunder Mutterschaf.

Eine junge, rothaarige Bauernschönheit schmiegte sich an ihn, sie schien ebenfalls angetrunken und kicherte oft. Ihre Wangen trugen ein paar Tupfer Wangenrot zu viel, die Lippen waren zu rot, das Haar in adrette Löckchen gelegt und

mit bunten, geflochtenen Bändern verziert. Der Ausschnitt ihres Kleides war eine Spur zu tief, um geschmackvoll zu sein, aber nicht so tief, dass man in ihr sofort eine Dockschwalbe vermutete. Sie wirkte wie ein süßes Ding vom Lande, das sich in die große Stadt verirrt hatte und in die falsche Gesellschaft geraten war.

Und Meredin Inveric war eindeutig die falscheste Gesellschaft, in die ein junges Mädchen geraten konnte. Ich beobachtete das Pärchen noch eine Weile, bis ich sicher war, wen Meredin sich zum Opfer erkoren hatte. Einen Nostrier – offensichtlich ein geübter und einigermaßen verbissener Boltanspieler, der in Begleitung zweier grimmig aussehender Leibwachen am Nachbartisch in eine Partie vertieft war und anscheinend eine Vorliebe für junge, rothaarige Frauen mit tiefen Ausschnitten besaß.

Die Art, wie er herüberschielte, als sich Meredins Begleitung zu ihrem Galan herüberlehnte und wie zufällig ihren Rock ein Stück hochrutschen ließ, und die Art, wie Meredin nichts davon mitzubekommen schien, verriet mir alles, was ich wissen musste. Das und die goldene Anstecknadel am Revers des Nostriers mit dem Salzarener Wappen.

Meredin und seine Begleitung, die höchstwahrscheinlich keineswegs ein naives Mädchen vom Lande war, warfen ihr Netz aus und schickten sich an, eine fette Salzarele an Land zu ziehen. Nun, daraus wurde nichts, ich brauchte Meredin für mich. Aber ich wollte aus naheliegenden Gründen ver-

meiden, an diesem Ort mit ihm gesehen und womöglich in seine krummen Machenschaften verwickelt zu werden. Sonst zerreißt sich die Stadt gleich wieder den Mund über die Saordubhs. Vor allem die Maraiches würden sofort alles daran setzen, unseren gesellschaftlichen Abstieg herbeizureden. Daher entschied ich mich für ein subtileres Vorgehen. Unauffällig schlenderte ich zum Ausgang. Dort schob wie fast jeden Abend Donric Monahan Dienst. Du kennst ihn vielleicht vom Sehen. Ich spende seinem Wohltätigkeitsverband für die Hinterbliebenen gefallener Seesoldaten regelmäßig gewisse Summen. Er hat früher unter mir gedient. Nachdem er durch eine Verletzung im Einsatz seeuntauglich wurde, habe ich ihm die Stelle auf der Rethis besorgt.

Dort hat er ein einträgliches Auskommen, das es ihm erlaubt, sich um das Wohlergehen anderer zu kümmern. Er freute sich, als ich ihn begrüßte, und war sofort bereit, mir jenen kleinen Gefallen zu tun, um den ich ihn bat. Auf meinen Wunsch hin marschierte er mit finsterer Miene hinüber zu Meredins Tisch, um dort lautstark zu verkünden, dass draußen Meredins Frau mit den Kindern stünde und wissen wolle, wann er denn endlich gedenke, nach Hause zu kommen.

Das Ergebnis war herrlich. Meredins Begleiterin lief rot an, sprang auf, kreischte los und überschüttete ihn mit dem Inhalt ihres Weinglases.

Es war fast schade um den guten Yaquirtaler. Aber Meredins verblüfftes Gesicht war jeden Tropfen des guten Weins wert.

Ich sah ihm beinahe an, wie sich seine Gedanken überschlugen, während er versuchte herauszufinden, wer ihm hier gerade übel mitspielte. Hektisch sah er sich um.

Dann erspähte er mich und seine Miene gefror. Er beteuerte seiner Begleitung, ihr alles erklären zu können, dann verließ er hastig das Flussschiff. Ich folgte ihm auf dem Fuße. Draußen fuhr er mich an, ob mir denn klar sei, dass ich gerade eine lange geplante Vorstellung verdarb.

Ich erinnerte ihn in knappen Worten an unsere letzte Begegnung, daran, dass ich großzügig darüber hinweggesehen hatte, dass er zwischenzeitlich fast Deine gesamte Aussteuer hatte mitgehen lassen, und nicht zuletzt auch daran, dass ich ihm nach Klärung der Angelegenheit mit einem Verzicht auf eine Anzeige die Moorburg – oder noch schlimmer: die Blodbrook – erspart hatte. Ich machte ihm also deutlich klar, dass er mir seit damals noch einen Gefallen schuldete.

Er war nicht gerade entzückt, aber man muss dem alten Langfinger lassen, dass er ein Ehrenmann ist, der zu seinen Schulden steht. Also lud ich ihn auf ein Bier in eine nahe gelegene Taverne ein und erklärte ihm mein familiäres Problem. In Feldmark, diesem Bauerndorf, interessiert es zum Glück keinen, mit wem ich in der Kneipe hocke.

Am Ende des Abends sicherte Meredin mir seine Hilfe zu, Jaemesh ausfindig zu machen. Nun hieve ich meinen müden Körper in mein einsames Bett und warte darauf, ob mir der Halunke Ergebnisse bringt, wo alle rechtschaffenen Mittel versagen.

Dein Coran

Donnerbach
Gareth
Thorwal
Perricum
Selem
Al'Anfa

II

Die Ermittler

Aus den geheimen Memoiren des Glücksritters und Weltenbummlers Meredin Inveric

Für den Fall, dass sich wirklich einmal ein Verleger findet und ich der nächste Rapiro Floretti werde, halte ich das Folgende lieber fest. Noch vermag ich nicht zu sagen, was aus der Geschichte erwächst, in die mich der gerissene alte Reeder hineinverwickelt hat, aber es könnte interessant werden und ist vielleicht eine Anekdote wert. Daher bringe ich die Erinnerung besser zu Papier, solange sie noch frisch ist.

Coran Saordubh, ein ehemaliger Kapitän der albernischen Marine und Mitglied im Rat der Kapitäne, könnte ein kapitaler Fisch sein, wenn er nicht absolut langweilig wäre. Der Mann spielt nicht, trinkt kaum, und ist so ehrlich, wie man als Patrizier und Mitglied einer großen Reederfamilie sein kann. Obendrein ist er auch noch seiner Frau treu. Da findet selbst ein schlauer Betrüger wenige Hebelpunkte. Er ist höchstens dahingehend exzentrisch, dass er es sich zur Lebensaufgabe gemacht zu haben scheint, nicht exzentrisch zu sein.

Sein einziges mir bekanntes Vergehen besteht darin, mich damals nicht an die Büttel ausgeliefert zu haben, sondern mich laufen gelassen zu haben, allerdings mit dem Hinweis, dass er einen Gefallen bei mir gut habe, den es irgendwann einzulösen gälte. Phex allein weiß, wie er mich

gefunden hat. Aber ich konnte mich schlecht dem Auftrag entziehen, mit dem er mich betraut hat. In Havena ist ein Saordubh immer ein guter Verbündeter und ein furchtbarer Feind. Auf den ersten Blick ist sein Anliegen auch nicht allzu kompliziert. Aber wann zeigt der erste Blick schon das ganze Bild?

Corans Neffe, ein verwöhnter Bursche aus gutem Hause, der gern ein wenig Schurke spielt, ist in der Unterwelt Havenas abgetaucht. So ein Knäblein zu finden, müsste eigentlich machbar sein. Ich sage ‚eigentlich', weil der Auftrag von Coran kommt, und dann steckt mit Sicherheit mehr dahinter.

Der Mann ist gerissen, ich weiß bis heute nicht, wie er damals darauf gekommen ist, dass ich an dem besagten Abend in seinem Haus war. Ich könnte den Auftrag natürlich auch in den Wind schießen und mich mit der nächsten Handelskaravelle, die den Hafen verlässt, absetzen, aber dann ginge mir alles durchs Netz, was ich mir hier bereits aufgebaut habe. Außerdem könnte ich mich dann auf Jahre nicht mehr in Havena blicken lassen. Die Saordubhs kennen alles und jeden.

Das wär's dann mit den Annehmlichkeiten der gelben Seerose. Schlimm genug, dass ich wohl jede Menge teurer Schmuckstücke investieren muss, damit mir Rahjalyn wieder wohlgesonnen ist. Ich konnte sie bislang noch nicht wieder davon überzeugen, dass ich gar keine Familie

habe, aber zum Glück ist sie nicht die einzige Frau in der Stadt. Um den alten Saordubh so schnell wie möglich von den Hacken zu kriegen, habe ich meine gute alte Freundin Lynn aufgesucht.

Inzwischen hat sie sich vor allem auf Hehlerei spezialisiert. Aber in letzter Zeit lässt sie sich auch hin und wieder als private Ermittlerin anheuern, um gestohlenes Gut wiederzufinden oder untreue Eheleute auszuspionieren. Es ist bewundernswert, wie es ihr gelingt, beide Berufszweige zu kombinieren.

Wir tranken ein, zwei Goldbrannt auf die guten alten Zeiten und erinnerten uns unserer ersten gemeinsamen Fischzüge. Sie war ein Virtuose im Hütchenspiel und ich ihr Komplize, der den glücklichen Gewinner gab und so ihre Opfer dazu brachte, unvernünftig hohe Beträge zu setzen. Später drehten wir ein paar Juwelendiebstähle und machten uns so einen Namen, bevor sich unsere Wege trennten. Hauptsächlich deshalb, weil Lynn sich weigerte, ihr angestammtes Pflaster zu verlassen.

Sie liebt die nimmermüden Gassen des Nalleshofs, ebenso wie das ewig feuchte, ausgetretene Pflaster des Orkendorfs und die schmucken Gärten der Protzvillen in Oberfluren. Sie kann sich nicht vorstellen, jemals unter einem anderen Himmel zu wandeln als unter dem wolkenverhangenen Grau, das so oft vom Meer herüberzieht. Mir reichte Kapitän Arbolans Fort inmitten der unwirtlichen Muhrsape nie

aus, ich wollte die Welt sehen, die Perle des Südens ebenso wie die Paläste von Grangor und die Mauern von Gareth. Premer Bier wollte ich trinken und Ziegenkäse von den Zyklopeninseln speisen, während ich alle Sprachen am Meer der Sieben Winde lernte.

Vielleicht kam es daher, dass meine Familie ursprünglich aus besseren Verhältnissen stammte, wie Mutter immer zu sagen pflegte. Mein Vater war eigentlich gelernter Schiffszimmermann, aber es mag wohl an seiner Trunksucht gelegen haben, dass er keine Anstellung lange halten konnte und irgendwann auf keiner der Werften mehr genommen wurde.

So mussten wir von den Marschen ins Orkendorf ziehen, und Mutter brachte uns mehr schlecht als recht durch, in dem sie in Unterfluren bei wohlhabenden Leuten putzte. Aber das Geld reichte nie, und als gegen Mutter Vorwürfe laut wurden, dass sie bei ihrer Herrschaft gestohlen habe, fiel selbst dieses bisschen Einkommen weg. Sie bemalte später Geschirr. Was Vater ihr nicht wegtrank, steckte sie mir zu. Ich muss gestehen, dass ich ihre Fürsorge damals nicht zu schätzen wusste.

Ich hasste es, arm zu sein. Das tue ich heute noch. Ich verbrachte meine Tage bei den Kinderbanden des Orkendorfs, und später, als Halbstarker, ging ich gemeinsam mit Lynn auf Fischzug. Als ich mich endlich alt genug fühlte, von zu Hause fortzugehen, machte ich den größten Fehler

meines Lebens und schrieb mich bei der Marine ein. Ich ging auf große Fahrt und dachte, ich würde nie wiederkehren. Damals diente ich auch für eine gewisse Zeit unter dem alten Saordubh, vielleicht war er deswegen später so nachsichtig mit mir. Jedenfalls kann ich mit Stolz sagen, dass ich ständig Ärger machte.

Ich war nicht bereit, mir von verknöcherten Kapitänen und senilen Admirälen, die größtenteils ja schon mit einem goldenen Löffel im Mund geboren wurden, etwas sagen zu lassen. Außerdem wurde mir der Dienst schnell zu langweilig. So stiftete ich meine Kameraden bei jeder Gelegenheit zu Unfug an, bis die Marine mir den Gefallen tat, mich hinauszuwerfen.

Wie jeder gute Matrose hatte ich meinen gesamten Sold bei den Landgängen durchgebracht und stand der weiten Welt mit leeren Taschen gegenüber. Da besann ich mich auf das, was Lynn mich gelehrt hatte, und perfektionierte meine Techniken. Nie wieder wollte ich mich einem Herrn unterwerfen, außer vielleicht dem Herren Phex. Ich hatte viel gesehen und gehört, und seither wende ich all dies an, um in unzählige Rollen zu schlüpfen.

Ich betrüge aber nie anständige Leute, sondern nur die Gierigen, die geradezu belogen werden wollen. Sie wollen träumen und ans leicht verdiente Geld glauben, und ich schenke ihnen Träume. Wer sich tatsächlich einreden lässt, dass er etwas bekommen kann, ohne etwas dafür geben

zu müssen, verdient es, betrogen zu werden. Je mehr ich herumkam, umso mehr begriff ich, wie viel von den Wundern und Schrecken der Welt meiner gischtumsprühten Heimatstadt längst innewohnte.

Ich kehrte immer mal wieder auf einen Sprung heim, aber dieses Jahr habe ich hier meine Zelte aufgeschlagen. Es ist gut möglich, dass ich irgendwann wieder fortgehe, aber derzeit genieße ich es, den vertrauten Geruch der rußigen Schlote, verquickt mit salzfeuchtem Nebel zu riechen, wann immer ich des Abends einen Fuß vor die Tür setze. Tags erfreue ich mich am Geschrei der Möwen und am Anblick der kleinen Fachwerkhäuser, die wie eine sture Herde Schafe beieinanderstehen, um dem Wind und Efferds gelegentlichen Springfluten zu trotzen.

Nach Hause zu kommen, war nach Jahren der Reise für mich so erholsam wie für andere, wenn sie eine Reise unternehmen. Ich hatte inzwischen genug Gold angehäuft, um die Dinge ruhig anzugehen, also logiere ich derzeit in einem guten Hotel und baue mir eine Identität als Gonzalo Pipote, Winzer vom Yaquir, auf, während ich gleichzeitig gelbe Seerosen sammle.

Der geneigte Leser wird sicher verstehen, was ich hiermit meine. Sagen wir, die Kontakte und der Status, die mir eine Mitgliedschaft in jener gewissen Bruderschaft einbringt, sind selbst mit Gold nicht aufzuwiegen.

Um alle Sprachen der Welt zu erlernen, hat es nicht gereicht, aber ich kann ohne anzugeben von mir behaupten, dass ich mich in jeder größeren Nation ohne Probleme verständigen und in einigen Regionen sogar als Einheimischer durchgehen kann.

Aber noch viel wichtiger ist, dass ich nun in der Lage bin, viele Akzente überzeugend zu sprechen. Ein unverzichtbares Werkzeug in meiner Profession. Lynn hat die Jahre aber auch genutzt. So wie sie über die Stadt spricht, gibt es wohl keine Allee, kein Schmugglerversteck und keine Hintergasse, die sie nicht kennt. Ganz so, als wäre sie dem Wind verwandt, der durch die Straßen streift.

Als ich Corans Neffen ihr gegenüber erwähnte, wusste sie sofort, von wem die Rede war. Ohne überhaupt nachdenken zu müssen, wusste sie, dass der junge Mann in den letzten Wochen häufig im Esche und Kork gesehen worden war, wo er eifrig damit beschäftigt war, sein Erbe vorzeitig bei Immanwetten durchzubringen.

Lynn war durch das Wiedersehen und die Getränke selbst zu später Stunde noch unternehmungslustig, und so nutzen wir die Nacht noch für einen späten Besuch im Orkendorf. Ach, alte Heimat, wie hast du mir gefehlt! Ich erinnerte mich, wie ich als Knabe aus Wut auf einen Krämer, der mich beim Diebstahl erwischt und kräftig durchgebläut hatte, aufs Dach seines Ladens geklettert war und die Ziegel mit obszönen Sprüchen beschmiert hatte. Die

Tatsache, dass diese Zeichen meiner ungestümen Jugend zwar durch Wind und Regen verblasst, aber immer noch vorhanden waren, erfüllte mich mit einer Wärme, wie es sonst nur ein guter, bornischer Meskinnes tut.

Auch Lynn hat sich kaum verändert. Sie ist noch immer die kleine, dralle, quirlige Person, die mich einmal anschrie, dass aus mir nie einer der Großen werden würde, wenn ich mich nur auf mein Lächeln verließe, egal wie charmant ich mir vorkäme, und mich dann küsste. Ein wenig Grau mischt sich inzwischen in ihr feuerrotes Haar, das sie noch immer zum biederen Zopf geflochten trägt.

Sie ist auch noch ungebunden und hat schon drei Mal betont, dass es nicht daran läge, dass sie auf mich gewartet hätte, sondern daran, dass es keine ordentlichen Mannsbilder mehr auf der Welt gäbe, mich inklusive.

Meine Lynn – unwillkürlich fragte ich mich, ob aus uns ein Paar geworden wäre, wenn ich in Havena geblieben wäre. Aber ich bin nicht sehr gut im treu sein, das wissen wir beide. Womöglich war das der eigentliche Grund, dass wir stets nie mehr als Freunde waren, dafür aber die besten.

Im Orkendorf hatte unsere Geschichte begonnen, als wir uns in heruntergekommenen Kneipen Geld ergaunerten und ich meinen, und manchmal auch Lynns Anteil in einer Nacht in einem der zahlreichen Bordelle durchbrachte, nur um am nächsten Tag zu schwören, es nie wieder zu tun. Kaum spürte ich wieder das altvertraute

Pflaster unter meinen Sohlen, kehrten die alten Gewohnheiten zurück. Instinktiv wich ich aus, wenn über mir ein Fensterladen klapperte, sodass ich dem Inhalt eines Nachttopfes entging. Ich hob die Füße höher, sobald ich eine Straße kreuzte, um dem Unrat auszuweichen, der sich im Rinnstein türmte.

Wir umgingen die üblichen Stützpunkte der zahlreichen Banden, die die Gegend unsicher machen und schnell dabei sind, von allen, die nicht zum Urgestein des Viertels gehören, Schutzgeld zu verlangen. Alles in allem scheint im Orkendorf auch die Zeit selbst in irgendeiner Kneipe bei billigstem Fusel versackt zu sein, denn sie hat kaum Spuren hinterlassen, seit ich fort war.

Vielleicht, weil der Verfall hier so allgegenwärtig ist, dass er sich seit der großen Flut unauslöschlich in diese Gassen hineingespült hat. Viele Häuser sind seit damals Ruinen, aber sie sind noch da. Als würde selbst das Meer sie zurückweisen, stehen sie auf windschiefen, wurmstichigen Balken, vergessen vom Schicksal.

Die Dächer sind löchrig, oder mit alten Planken notdürftig ausgebessert, die Räume längst geplündert, aber die Mauern weigern sich, ihren angestammten Platz zu verlassen. Vor rund hundertsechzig Jahren mussten einige dieser Bruchbuden der großen Prachtstraße weichen, die der damalige Ältestenrat mitten durchs Orkendorf hatte bauen lassen. Wahrscheinlich, damit die reichen Bewoh-

ner Havenas schnell durch den alten Stadtteil kamen, ohne sich allzu sehr mit den Verlorenen und Verruchten abgeben zu müssen, denen das Orkendorf damals wie heute Heimstatt war.

Vielleicht wollten sie auch das Viertel und vor allem die Grundstückspreise aufwerten. Dass die damals gebauten Stadtvillen heute den verschiedenen Bandenführern und ihren Unterführern Unterschlupf bieten, hatte sich der Ältestenrat wohl nicht gedacht. Hätte man ja auch nicht drauf kommen können, dass so etwas geschieht, wenn man den Ärmsten der Armen ein Kleinod direkt vor die Nase setzt und dann nichts dafür tut, dass die Armen vielleicht etwas weniger arm werden.

Jedenfalls verdanken wir unseren verrückten Stadtvätern auch so schöne Kuriositäten wie das Esche und Kork, direkt neben dem großen Immanstadion an der Fürstenallee gelegen. Das Stadion hat man übrigens auch gebaut, ohne die Orkendörfler zu fragen, oder denen, deren Häuser dafür abgerissen wurden, eine angemessene Entschädigung zu zahlen.

Angeblich, weil dort ohnehin nur Ruinen standen, aber im Orkendorf gehen auch Ruinen als passabler Wohnraum durch. Und das alles nur, damit die Damen und Herren aus Oberfluren nicht bis Feldmark laufen müssen, um die Spiele zu sehen. In der Kneipe gleich nebenan treffen sich alle, deren Herzen aus Kork sind, dazu noch ein Haufen

wettsüchtiger Verrückter und all die braven Bürger, die auch unbedingt mal eine Elfe aus der Nähe sehen wollen. Dass der liebreizenden Thalionmel der ganze Trubel nicht zu viel wird und sie ihr Haus jeden Abend mit der Ruhe einer Karracke führt, die gemächlich durch die Wellen pflügt, gehört zu den unerklärlichen Mysterien der Stadt.

Im Esche und Kork ging es trotz der späten Stunde noch lebhaft zu. Dass heute im benachbarten Stadion gar kein Spieltag war, hielt die Liebhaber des rauen Spiels nicht davon ab, bis tief in die Nacht ihrem Herzensthema zu frönen. Auch viele von außerhalb leerten an diesem Ort ihr Gagelbier in der Hoffnung, einen der Spieler der Havena Bullen anzutreffen, die hier regelmäßig verkehren.

Um diese Stunde wartete das Lokal jedoch nur mit zwei Ersatzbankspielern auf. Einer hatte sich bereits ansehnliche weibliche Begleitung gesucht und war im Begriff zu gehen, der andere verteilte im Gegenzug für Freibier Ratschläge an hoffnungsvolle Jungspieler.

Lynn, die abgesehen von einem natürlichen Lokalpatriotismus wenig mit den Havena Bullen verband, wies mich auf ein paar entschlossene Trinker an einem der Stammtische hin.

Unter den Pokalen und Wimpeln vergangener Spielzeiten saßen drei raue Kerle und zwei nicht minder raue Frauen beisammen. Sie spielten Würfel. Wenn man genau hinsah, erkannte man an den verkniffenen Mienen, dass es nicht

um kleine Münzen, sondern in Wahrheit um viel höhere Einsätze ging.

Eine der Frauen, eine Mittfünfzigerin mit kurzem Haar wie Asche, einer Haut so zäh wie Leder und einem Blick so einladend wie eine Woche im Hungerturm, hatte ein kleines in Leder gebundenes Buch bei sich liegen. Hin und wieder trat jemand an den Tisch heran und sprach sie an. Ein kurzer Austausch folgte, wahrscheinlich eine bestimmte Parole. Dann schlug die Frau ihr Buch auf und kritzelte etwas hinein. Im Anschluss wanderten Münzen an den Kerl zur Rechten der Frau. Ein Hüne mit Bärenschultern und einem Gesicht, das, den Narben und der schiefen Nase nach zu urteilen, zweifellos schon mehrere Schlägereien hatte aushalten müssen.

Der zählte das Geld mit finsterer Miene, und erst wenn er nickte, setzte die Frau ein Häkchen hinter ihren Vermerk und schloss das Buch mit zufriedenem Glitzern in den Augen.

Derweil ging am Tisch die Würfelpartie weiter, sodass einem unbedarften Zuschauer die ganze Transaktion wie zufällig erscheinen musste. Aber spätestens, wenn man sah, dass die Leute auch Schuldscheine übergaben, wurde einem klar, dass hier die Art von Wetten abgewickelt wurde, vor denen anständige Eltern ihre Kinder warnten. Hohe Gewinnspannen lockten, dafür gab es jedoch vermutlich unanständig hohe Mindesteinsätze.

Vermutlich hatte der Würfelkreis auch einige Spieler und Schiedsleute auf der Gehaltsliste, die die Ergebnisse bei Bedarf in eine Richtung drehten, die der Runde genehm waren. Dennoch wurde die Zahl der Verrückten, die hier Haus und Hof durchbrachten, nicht geringer. Innerhalb eines Bieres beobachtete ich drei solcher Geschäfte.

Lynn riet mir, zu warten und die graue Hedda erst anzusprechen, wenn sich der Laden in den frühen Morgenstunden stark geleert hatte, da sie vor dem zwanzigsten Schnaps nicht genießbar sei. Bis dahin saßen wir bei Gagelbier und Feengeist unter einem bestickten Banner der Bullen und schwadronierten von den guten alten Zeiten, während wir einer adretten Elfe dabei zusahen, wie sie der halben Altstadt ihr Bier kredenzte.

Kurz vor dem Zapfenstreich schlenderten wir wie zufällig zu Heddas Tisch hinüber. Lynn grüßte. Man kannte sich. Dann stellte sie mich vor. Als Glarick, den Beutelschneider von Angbar. Ich kratzte mich verlegen am Rücken und zog dabei hinten das Hemd drei Fingerbreit aus der Hose, um dem gängigen Klischee des vertrottelten Koschers zumindest ansatzweise gerecht zu werden. Außerdem ließ ich die Schultern ein wenig hängen und legte mir das schiefe Grinsen zu, das zu meinem Standardrepertoire gehörte, wenn ich einen Burschen aus der Provinz geben musste. Lynn grinste unauffällig in sich hinein. Sie wusste, wie sehr ich die Rolle des Bauerntölpels hasste. Stumm

schwor ich Rache. Dann grüßte ich im breiten Koscher Dialekt. Lynn erklärte, dass ich auf der Suche nach einem alten Freund war: Jaemesh, die Elster.

Aus den gerunzelten Brauen und einem abfälligen Grunzen seitens des Hünen ließ sich unschwer schließen, dass die Gruppe von Jaemesh nicht viel hielt. Hedda erklärte uns grimmig, dass wir da wohl lange suchen könnten, denn anscheinend sei die Elster untergetaucht. Vermutlich auf der Flucht vor irgendwelchen Spielschulden.

Er habe noch Glück, dass er bei ihr nicht so hoch in der Kreide stehe, aber falls wir ihn fänden, sollten wir ihm einen schönen Gruß von Hedda ausrichten und ihm sagen, er solle das nächste Mal die zwanzig Dukaten mitbringen, oder man werde ihn irgendwann als Fischfutter unter der Zollbrücke hervorziehen.

Ach ja, und falls wir uns auf die Suche machten, könnten wir uns mit Cynwal zusammentun, der habe auch schon nach Jaemesh gefragt, und das wohl nicht, weil er mit ihm Brüderschaft trinken wolle. Ob wir nicht auch einen kleinen Wetteinsatz aufs nächste Spiel wagen wollten? Nein? Dann könnten wir jetzt auch verschwinden. Wir kamen der freundlichen Aufforderung umgehend nach. Ich brachte Lynn nach Hause. Unterwegs klärte sie mich über Cynwal auf. Ein kleiner Schmuggler, der sich auf al'anfanisches Pfeifenkraut spezialisiert hatte.

Er führte eine kleine Bande, jedoch zeichnete sich keins der Mitglieder durch eine große Verbrecherkarriere aus. Lynn empfahl einen Besuch bei Ysilt Dorstang. Ihr Krämerladen hatte während der Warenverknappung durch den Krieg mit den Nordmärkern immer eine erkleckliche Menge an Bückware geführt und schien auch heute Engpässe nicht zu kennen.

Am nächsten Vormittag, nach kaum drei Stunden Schlaf, traf ich mich mit Lynn vor dem Laden. Das Orkendorf mutet um diese Zeit viel ruhiger an, als es ist. Gerade in den südlich gelegenen Straßenzügen spürt man die Nähe zum Vergnügungsviertel Nalleshof. In den Hinterhöfen der Kneipen schlafen die Zecher noch ihren Rausch aus. Wer ein Frühstück sucht, muss lange klopfen, und nur mit viel Glück lässt sich ein verschlafener Wirt vielleicht dazu überreden, Bier, Schwarzbrot und fettigen Räucherfisch zu servieren.

Nicht meine Mahlzeit. Ich hatte vor, Lynn zu einem geschmackvolleren Morgenimbiss auszuführen, sobald wir die Krämerin hinter uns gebracht hatten. Hinter den Fenstern brannte kein Licht, aber die Tür war nicht verschlossen.

Lynn betrat den Laden als Erste. Ich hatte den Auftrag, einige Augenblicke später aufzutauchen und für Ablenkung zu sorgen. Kaum dass Lynn im Laden verschwunden war, stopfte ich mir ein Pfeifchen. Dann riss ich die Tür auf und torkelte hinein.

Ich erspähte Lynn zwischen den Regalen. Vor dem Verkaufstresen wischte ein verkatert aussehender junger Mann lustlos den Fußboden. Wahrscheinlich einer der vier Söhne der alten Dorstang. Er vergaß das Grüßen. Sein Blick blieb auf den Boden gerichtet. Ich sah mir unauffällig die Regale näher an. Die Warenauswahl war erstaunlich vielfältig. Von Trockenfisch über Kernseife, Kupfertöpfe und Ballen von Wolle und grobem Leinen bis hin zu Gewürzsäckchen und eingemachtem Obst gab es alles, was ein einfacher Haushalt brauchte. Weiter hinten im Laden, in der Nähe des Verkaufstresens, lagerten Erzeugnisse, die ein Haushalt keinesfalls brauchte, sich aber wünschte: Pfeifenkraut vom Yaquir, ein Fässchen Premer Feuer, sogar ein paar Röllchen Punipan. Nach einigen Augenblicken gab mir Lynn einen Wink, und ich begann mit der Charade.

Paffend schlenderte ich zum Regal mit den Zunderschwämmen. Der junge Mann schielte prüfend herüber. Nachdem ich die volle Aufmerksamkeit meines Publikums hatte, setzte ich noch eins drauf: Ich schwankte wie ein Betrunkener, rülpste lautstark und lief mit voller Überzeugung gegen das Regal. Dabei riss ich einige Kisten mit Zunderschwamm heraus, sodass sie zu Boden polterten. Der Inhalt ergoss sich um mich.

Der junge Mann ließ den Wischhader fallen. Ich tat, als wolle ich den Schaden wiedergutmachen, und hockte mich nieder, um die Schwämme einzusammeln. Dabei kam ich dem Zeug mit meiner Pfeife gefährlich nahe. Ich konzentrierte mich darauf, meine Bewegungen so fahrig und erratisch wie möglich erscheinen zu lassen. Sofort war der junge Mann an meiner Seite. Er versuchte, mir aufzuhelfen und mich zu beschwichtigen, während ich lallend darauf bestand, beim Einsammeln zu helfen.

Über die Schulter meines entsetzten Gegenübers hinweg beobachtete ich, wie sich Lynn hinter den Tresen schlich, dort herumkramte und dann in aller Seelenruhe in den Bilanzbüchern blätterte, während ich mein Opfer zum Wahnsinn trieb.

Schließlich sah ich dem jungen Mann an, dass er kurz davor war, handgreiflich zu werden und mir die Pfeife zu entreißen, da schaltete ich in die weinerliche Phase der

Trunkenheit um. Ich fiel ihm um den Hals und beteuerte, dass er mein bester Freund sei.

Völlig übertrieben, aber der Junge hatte am Vorabend sein Boot wahrscheinlich selbst ganz schön vollgeladen. Er war geistig noch nicht rege genug, um mein Schauspiel zu durchschauen. Erst als Lynn mir zunickte, ließ ich zu, dass er mir die Pfeife aus dem Mundwinkel nahm und hastig löschte. Dann ließ ich mich von ihm auf die Füße ziehen, bedankte mich überschwänglich, und tat, als sei ich auf der Suche nach Tabak. Der arme Kerl schenkte mir ein Beutelchen billiges Pfeifenkraut, nur um mich schnell aus dem Laden zu bekommen. Dann schob er mich zur Tür hinaus. Ich ließ es gutwillig geschehen. Draußen wartete ich hinter der Hausecke, bis Lynn einige Augenblicke später zur mir stieß.

Mit einem verschmitzten Grinsen erklärte sie mir, dass sie zum Glück von früher wusste, wie die gute Frau Dorstang ihre Unter-der-Hand-Käufe verschlüsselte. Lynn hatte während des Kriegs für sie gearbeitet. Damals war der Schmuggel auf dem großen Fluss und durch die Muhrsape in ganz Albernia beinahe eine Ehrensache gewesen, solange er nur an den Nordmärkern vorbei ging, denen man nicht eine Unze Salz gegönnt hatte, wenn es zu vermeiden war.

Aus dieser Zeit kannte sie auch einige Decknamen der Lieferanten. Cynwal hatte sie in den Büchern gefunden, al-

lerdings nur in Einträgen, die schon einige Wochen zurück lagen. Leider brachte uns all das keine schnellen Ergebnisse in Bezug auf Jaemesh Saordubh. Aber auch hier wusste sie Rat, wenn mein Auftraggeber über genug Geld verfüge und bereit wäre, es auch einzusetzen. Ich antwortete ihr, dass mir erst einmal nach einem guten Frühstück zumute war. Wir machten daraufhin einen Abstecher zu meinem Hotel in den nördlichen Marschen. Ein wenig abgelegen, ist die Gegend dennoch vornehm genug, um dort auch Leute aus den höheren Kreisen empfangen zu können.

Darüber hinaus sind die Marschen ein ruhiges Pflaster, das niemand so recht im Blick zu haben scheint. Der Fürst, wenn er denn mal geruht, in der Stadt zu weilen, hält Hof in Oberfluren im Kreise seiner Patrizier, der alteingesessene Handels- und Handwerksadel sitzt in Unterfluren, die eigentlich produktiven Kräfte der Stadt sitzen in Fischerort, Feldmark und auf der Krakeninsel.

Während sich die Fremdländer im Nalleshof gegenseitig die Füße platt treten, im Südhafen mächtige Schiffe gebaut werden, und der Abschaum im Orkendorf residiert, scheinen die Marschen kein richtiges Gesicht zu besitzen. Sie sind ein bisschen von allem und nichts im Besonderen und können sich höchstens des Rahjatempels und seines hübschen Parks rühmen.

Doch allein an diesem Satz merke ich, wo das Problem liegt. Wenn das Interessanteste eines Viertels seine Parkanlagen

sind, dann verdient es Neid wie Mitleid gleichermaßen. Neid, weil es da schön ruhig zugeht und die Einwohner passabel leben können, Mitleid, weil dort dann aber auch nichts los ist. Je weiter nördlich man kommt, umso teurer und größer werden die Villen. Im Orkendorf sagt der Volksmund, dass dort jene Händler wohnen, die sich nicht zu schade waren, an den Besatzern damals eine gute Nase zu verdienen und dadurch zu Geld gekommen sind. In den nördlichen Marschen rümpft man die Nase über den Neid der Besitzlosen und zieht sich eine Wäscheklammer auf selbige, wenn man mal in den Süden muss. Alles in allem bemühen sich die Leute in den Marschen noch stärker als anderswo, zum schönen Teil der Stadt zu gehören. So poliert jeder Hotelier die Gläser zweimal und staubt regelmäßig die Topfblumen ab.

Eine perfekte Gegend also, um unauffällig zu wohnen und seinen Geschäften nachzugehen. In meinem Zimmer steht ein riesiger Kleiderschrank, der einen Großteil meiner Werkzeuge beinhaltet. Modische Bekleidung aus aller Herren Länder, ein paar falsche Bärte und jede Menge Puder und Farben, die mich nach Bedarf in einen greisen, armen, reichen oder geckenhaften Mann verwandeln könnten.

Dort kleidete ich mich elegant ein und fand auch für meine Begleitung einen Mantel aus feinstem Loden sowie einen modischen Hut, der beiden Geschlechtern gut zu

Gesicht stand. Derart herausgeputzt nahmen wir stilecht eine Kutsche nach Oberfluren. Ich hasse halbe Sachen fast genauso sehr wie Armut.

Dann läutete ich zur besten Frühstückszeit an der Tür meines neuen Freundes Coran. Ein Hund bellte im Garten, gleich drauf öffnete ein Hausdiener mit unbewegter Miene. Coran empfing uns in einem Vorzimmer, das dem Begriff Salon auf rustikale Art gerecht wurde. Eine helle Holztäfelung und ein wuchtiger Esstisch aus polierter Rotbuche ließen den Raum wärmer erscheinen, als er war. An den Wänden hingen Ölbilder und Kohlezeichnungen. Einige zeigten Fischer bei der Arbeit, andere die Werften des Südhafens. Allesamt entstammten den Ateliers der gefragtesten Künstler der Stadt. Coran trug ein helles Leinenhemd, darüber ein Wams aus weicher Ziegenwolle und eine robuste, aber dennoch modisch geschnittene graue Hose aus feingewebtem Hanf. Sein graues Haar war trotz seines fortschreitenden Alters noch voll, der Wohlstandsbauch noch nicht zu ausgeprägt, und der Backenbart schien sich täglicher Pflege zu erfreuen. Er trug den typischen Protz der alteingesessenen Havener Oberschicht zur Schau, indem er nicht protzte. Und doch waren Haus und Besitzer gediegen.

Seinem strengen Blick und den energischen Bewegungen merkte man den alten Seeoffizier noch an, auch wenn er

nun schon seit einiger Zeit im Ruhestand weilte. Er musterte Lynn aufmerksam, begrüßte sie aber höflich, trotz des einfachen Kleides, das sie unter dem Lodenmantel trug.
Ich stellte meine Begleitung vor, dann berichtete ich von unserer Recherche und davon, dass diese beinahe die ganze Nacht verschlungen hatte.
Man muss dem alten Seebären lassen, dass er nicht auf den Kopf gefallen ist und es durchaus versteht, zuzuhören. Denn er verstand meinen Wink sofort und wies seinen Diener an, uns ein Frühstück zu bereiten. Lynn war im Übrigen nicht sonderlich angetan, mit dem Patrizier Bekanntschaft zu schließen.
Als Ratsmitglied im Rat der Kapitäne war er ein Vertreter der Obrigkeit und somit für jemanden, der gern im Halbdunkel Geschäfte machte, fast so schlimm wie ein Stadtgardist. Aber nur fast, denn die Verpflegung im Haus eines Saordubh war zweifellos besser als auf einer Wache. Wir nahmen Olporter Sprotten, mildes Havenabier und Dorschpastete auf der sonnenbeschienen Terrasse seines Hauses ein.
Corans Hund, ein schwarzer Bornländer, folgte seinem Herrn auf Schritt und Tritt. Ich ließ es mir nicht nehmen, dem alten Saordubh unsere Nachforschungen in aller Ausführlichkeit zu berichten, obwohl ich ihm ansah, dass er mit einer Kurzfassung durchaus zufrieden gewesen wäre.

Notiz an mich: Ich sollte vor der Veröffentlichung Corans Namen ändern. Er holt mich sonst Kiel, und zwar längs, wenn diese Zeilen so das Licht der Welt erblicken.

An Meriwen Saordubh, Honingen
7. Peraine 1040 BF

Meine liebe Meriwen,

Dieser Inveric Bursche ist noch immer genau der Schlawiner, für den ich ihn halte. Heute Morgen stand er bei uns daheim vor der Tür, angeblich um über seine Fortschritte Rechenschaft abzulegen.
Aber ich durchschaute seine Absichten schnell. Ich glaube, es ging ihm vor allem darum, seine Begleitung mit einer kostenlosen Mahlzeit im Hause eines der Stadtoberen zu beeindrucken. Ich kann allerdings nicht genau sagen, wie die nicht mehr ganz junge Dame zu ihm steht, die er da anschleppte. Er schien jedenfalls nicht darauf zu hoffen, heute Nacht ein warmes Bettchen zu bekommen. Das will ich ihm auch geraten haben, schließlich hat er genug zu tun, bis er mir Jaemesh heranschafft.
Die Dame an seiner Seite war auch im Gegensatz zu seinen sonstigen Bekanntschaften keine herausragende Schönheit. Diese Frau, die sich Lynn Seehoff nennt, stellte

sich als professionelle Ermittlerin vor und bot mir einen Vertrag an. Doch sie wirkte eher wie eine Handwerksgesellin als eine Schnüfflerin oder einer von Meredins bunten Nachtfaltern. Als er mir jedoch versicherte, dass er sie auf Grund ihrer Ortskenntnisse mit herangezogen habe, und dass sie vollkommen vertrauenswürdig sei, wurde mir klar, dass ich ihr keinesfalls vertrauen konnte. Vermutlich gehört sie zu genau den Leuten, über die sich der Stadtvogt immer aufregt. Schmuggler, Betrüger und Falschspieler, die sich tagsüber als ehrliches Volk ausgeben, aber in Wahrheit einer anderen Profession nachgehen, die keine ehrliche Arbeit, sondern vielmehr Raub und Lüge beinhaltet. Dabei sah sie gar nicht wie eine Halsabschneiderin aus. Aber das sind bekanntlich die Schlimmsten.

Da sie nun einmal in unserem Haus stand und Bescheid wusste, blieb mir nicht viel übrig, als gute Miene zum bösen Spiel zu machen. Als die beiden wieder gingen, wechselte ich mit ihr jedoch ein kurzes Wort. Ich schloss mit ihr einen mündlichen Vertrag, und bot ihr an, sie für ihre Hilfe in der Sache großzügig zu entlohnen. Falls sie aus der Angelegenheit jedoch anderweitig Profit schlagen wolle, würde ich dafür sorgen, dass sie keine Ruhe vor der Stadtgarde haben werde und kein einziges Geschäft mehr auf Havener Boden machen könne.

Sie erwiderte nichts, aber ich sah ihrem Blick an, dass Meredin sich wohl auf etwas gefasst machen konnte,

sobald die beiden aus der Tür waren. Bevor sie ging, bot sie mir jedoch an, für eine ansehnliche Summe einen besonderen Kontakt zu befragen, der sich seine Dienste allerdings fürstlich entlohnen ließ. Ich zögerte. Sollte ich wirklich einer Wildfremden jede Menge Geld in die Hand drücken, nur weil sie angeblich spezielle Kontakte besaß? Gleichzeitig war mir klar, dass man, wenn man die Angel ins Wasser wirft, sie auch irgendwann herausziehen muss. Und da ich nun einmal Meredin beauftragt hatte, musste ich sein Spiel auch mitspielen.

Ich händigte ihr die eher bescheidene Summe von fünfundzwanzig Dukaten aus, in der Hoffnung, dass zumindest drei Viertel der Summe tatsächlich in die Recherche fließen. Ich verlangte jedoch auch, dass die beiden mich einige Stunden später auf der Krakeninsel in der Taverne Zum Aal erneut treffen würden.

Dann will ich endlich konkrete Fortschritte sehen, denn bisher haben Meredins ausufernde Schilderungen nicht darüber hinwegtäuschen können, dass die beiden noch keine Ergebnisse vorzuweisen haben.

Dein Coran

An Mondschatten von Sternentochter

Du, dem die Sterne auch in dunkler Nacht den Weg weisen, dir sei folgender Gruß gewidmet: Ein guter Freund bedarf deines Rats. Er sucht die Elster, die vor Kurzem fortgeflogen ist und noch nicht wieder zurück ins Nest gefunden hat. Kannst du, der du deine Augen und Ohren überall hast, vielleicht einen Hinweis geben, wo wir nach dem possierlichen Tierchen suchen können? Mein Freund zeigt große Dankbarkeit und möchte deiner Sache zwanzig Dukaten spenden, die diesem Schreiben beiliegen. In der Hoffnung auf eine baldige Antwort verbleibe ich,

Deine treue Sternsucherin.

An Madatochter

Wie trefflich ist es doch, dass unsere Werften so gute Gewinne erwirtschaften, die es unseren fleißigen Schiffsbauern ermöglichen, so überaus großzügig für eine gute Sache zu spenden. Was eure Suche nach dem verlorengegangenen Vogel betrifft, solltet ihr vielleicht einmal bei Kevendochs vorbeischauen. Dort sollen sich in letzter Zeit viele Elstern herumgetrieben haben. Möglicherweise ist auch euer Tierchen dort irgendwo zu finden. Die Zwölfe mit dir, und möge dein Weg immer von Sternen begleitet sein, Tochter.

Der Diebstahl

Aus den geheimen Memoiren des Glücksritters und Weltenbummlers Meredin Inveric

Wie ich es befürchtet hatte, war Lynn ein wenig verstimmt. Sie wäre lieber im Hintergrund geblieben. Aber Corans Villa hat sie auch beeindruckt. Nicht, dass sie es zugeben würde. Aber wenn das hier vorbei ist, werde ich uns für das nächste Spiel der Bullen eine Einladung auf die Ehrentribüne besorgen, dann noch ein feines Abendessen in der Fürstenschänke und schon sind wir wieder die dicksten Freunde.

Heute jedenfalls werde ich wohl mit ein wenig Zurückweisung leben müssen. Kaum hatten wir Oberfluren verlassen, entschuldigte sie sich mit der Begründung, dass sie auch noch anderes zu tun habe und ich schließlich ein großer Junge sei, der auch einige Stunden allein zurechtkäme. Da sie in diesem Augenblick nicht geneigt war, mich in ihre Ideen bezüglich weiterer Nachforschungen einzuweihen, nutzte ich den Vormittag, mich wieder um Gonzalo Pipote zu kümmern.

Ich hatte in der Rethis einige Billetts möglicher Geschäftspartner erhalten. Zwei eher unwichtige Händler kontaktierte ich über ihre Kontore und ging den offiziellen Weg, mich in der Hierarchie der Handelshäuser bekannt zu machen. Ich habe einige Fässer und Flaschen almadanischen Weins heranschaffen lassen, und kann im Namen

meines fiktiven Weinguts sogar Weinproben abhalten. Brandzeichen zu fälschen, ist nicht unbedingt etwas für Anfänger, aber auch nicht allzu schwierig, wenn man erst einmal Erfahrung darin hat, die Linien eines Siegels in eine neue Gravur so einzuarbeiten, dass man die alte nicht mehr erkennt. Dann braucht man eigentlich nur eine ruhige Hand und sollte nicht mit dem Brandeisen ausrutschen. Aber ich schweife ab.

Nachdem ich also dem guten Pipote ein paar Stunden meiner Lebenszeit gewidmet hatte, verwandelte ich mich in einen unauffälligen Havener Bürger mit Mütze und Pelerine, und spazierte zur Krakeninsel, in der Hoffnung, dass mich Lynn nicht im Stich ließ, sondern mit irgendeiner brauchbaren Information zum Treffen mit Coran auftauchte.

Warum der uns in eine langweilige Fischerkneipe wie den Aal einlud, war mir ein Rätsel. Er wird doch nur wegen eines läppischen Frühstücks nicht gleich unter die Knauser gegangen sein. Soviel Geiz traue ich einem Mann gar nicht zu, der Lynn heimlich ein hübsches Sümmchen Dukaten zusteckt, während er glaubt, dass ich es nicht bemerken würde. Die Krakeninsel ist tagsüber ein ruhiges Pflaster, und nachts erst recht. Dort wohnen überall Flussfischer, und zwar schon so lange, dass ihre Stammbäume denen von Zuchthunden ähneln. Oder vielleicht sollte man eher Zuchtkarpfen sagen.

Die Krakeninsel, mitten zwischen zwei Flussarmen gelegen, ist zwar durch vier große Brücken mit dem Festland verbunden, weshalb sie auf Kartenwerken an eine Schildkröte erinnert, aber die meisten Bewohner fahren mit dem Boot zur Arbeit und zurück. Da die Insel von zahlreichen kleinen Kanälen durchzogen ist, kann man beinahe jedes Haus mit einem Boot anfahren. Aber wer will das schon? Die Krakeninsel ist, ihrem abenteuerlichen Namen zum Trotz, ein verschlafenes Nest. Tagsüber sind die Einwohner draußen auf dem Fluss, nachts liegen sie auf ihren Matratzen wie ein rostiger Anker im Hafenbett. Überhaupt sind die Krakeninsulaner prüder und altmodischer als selbst der hinterletzte Bauer in Feldmark. Die meisten Leute von außerhalb meiden die Krakeninsel schlicht deswegen, weil sie für den Rest der Stadt kaum Bedeutung besitzt, und die Krakeninsulaner scheinen auch noch froh über diesen Zustand zu sein.

Ich sah an ihren Häusern jede Menge efferdgefällige Zeichen und viele kleine Feenschreine unter den Vordächern oder in kleinen Mauernischen. Manche waren mit Süßigkeiten gefüllt, andere mit Milch oder Früchten. Die gehören in unserem schönen Havena ohnehin schon zum Stadtbild, aber hier will man wirklich auf Nummer sicher gehen, wie es scheint. Dabei war die Krakeninsel von der großen Flut kaum betroffen, soweit ich weiß.

Auch wirken die Häuser, als wären sie Hunderte von Jahren alt, und das mag sogar stimmen, gerade weil die Insel damals kaum beschädigt worden ist. Aber gut gepflegt sind sie. Genau wie die zahlreichen schmalen Brücken, die sich über die unzähligen kleinen Kanäle spannen.

Manche der älteren Einwohner wachen über diese kleinen Stege wie ein Drache über seinen Hort. Einmal musste ich eine Silbermünze in einen Feenschrein legen, bevor eine resolute Großmutter mich passieren ließ, ein anderes Mal durfte ich auf keinen Fall vor mich hin summen, um nicht aus Versehen den Zorn einer Brückenfee auf mich zu ziehen. Schön für das Viertel, wenn die Leute nichts Besseres zu tun haben!

Zwar konnte mir der betreffende Brückenwächter nicht sagen, ob schon jemals eine Fee an dieser Brücke zornig geworden sei, aber man lebt hier nach dem Motto: Sicher ist sicher. Biedere Blumenkästen und dunkle Anstriche verleihen den von der steten Nässe welligen, rauen Fensterbänken ein wenig Farbe, die Reetdächer sind in Schuss, die Wände geweißelt, und in den oftmals höchstens schrittbreiten Vorgärten wächst Gemüse in gepflegten Beeten.

Ich wanderte durch die engen Gassen und begegnete kaum einer Menschenseele. Lediglich ein paar Großväter und Großmütter, die vor den Häusern Fisch ausnah-

men, Wäsche wuschen oder Unkraut jäteten, sowie zwei gescheckte Katzen, die sich auf einem Vordach sonnten, starrten mich misstrauisch an. Ein eigenartiger Kontrast zu unserer überfüllten Stadt, die in anderen Ecken aus allen Nähen platzt.

So scheint die Insel, obwohl mitten in der Stadt, auf seltsame Art gleichsam außerhalb der Stadt zu liegen. Unter dem grellgrauen Licht einer Mittagssonne, die gegen einen wolkenverhangenen Himmel kämpfte, kam der Ort mir unwirklich vor, so als ob eine Fee ihn vor Hunderten von Jahren entrückt und gerade eben gänzlich unverändert wieder zurückgestellt habe.

In irgendeinem Hinterhof bellte ein Hund. Ein Hahn krähte. Und die Stadt hätte beinahe aufgehört, zu existieren, wenn der Wind nicht ab und an den Lärm des Südhafens an mein Ohr getragen hätte. In der Taverne Zum Aal herrschte um die verabredete Zeit, kurz nach Mittag, wenig überraschend absolute Windstille. Coran wartete bereits an einem Tisch in einem Hinterzimmer.

Und endlich begriff ich: Er wollte einfach nicht mit uns gesehen werden. Deshalb hatte er die Fischertaverne gewählt. Auf der Krakeninsel war absolut niemand, den interessiert hätte, mit wem sich ein Saordubh traf. Und da die Insulaner so viel Wert darauf legten, unter sich zu bleiben, und auch wahrhaftig nicht für ihre Redseligkeit zu rühmen sind, lag die Wahrscheinlichkeit, dass irgendwer

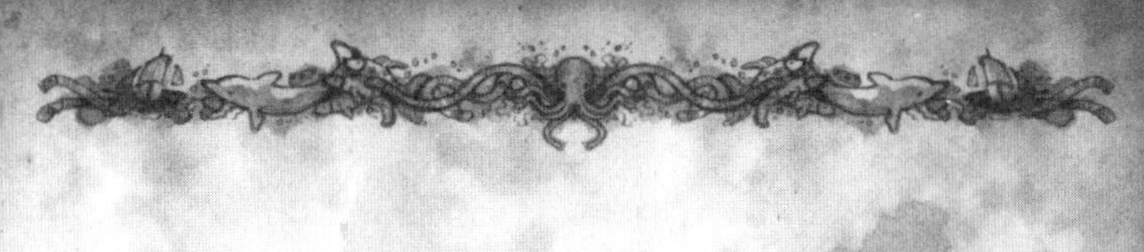

plauderte, nahezu bei null. Immerhin wurde der servierte Aal dem Namen des Hauses gerecht. Wir tafelten. Lynn ließ sich Zeit. Als sie endlich kam, hatte ich mein Kontingent an Plaudereien beinahe ausgeschöpft, vor allem, da sich Coran einigermaßen mürrisch und kaum redselig gab.

Seine Miene hellte sich erst auf, als Lynn mich durch ihr verspätetes, aber eiliges Erscheinen erlöste und eine neue Spur hatte: Kevendochs exotische Krämerwaren, ein illustrer Kaufmannsladen aus den Marschen, der allerdings

einen ansehnlichen Geldbeutel erforderte. Dafür gab es dort jede Menge seltene Kräuter und alchemistische Ingredienzen. Coran kannte die wohlhabende Inhaberin, die seit einiger Zeit über einen Platz im Ältestenrat verfügte.
Er schien auf einmal sehr unternehmungslustig und schloss sich uns an. Dass weder Lynn noch ich das für eine gute Idee hielten, ignorierte er geflissentlich. Ich fragte mich, wie das mit seiner Geheimhaltungspolitik zusammenhing, bis er sich erhob, um Hut und Mantel zu holen. Er umhüllte sich mit einem dunklen Lodenumhang und einem Wollschal, dann zog er eine graue Gugel darüber. Die Kapuze fiel ihm tief ins Gesicht. „Anfängerfehler", dachte ich sofort, nur ein Laie vermummt sich derart offensichtlich. Einem Könner reicht es oft schon aus, seinen Kleidungsstil, den Habitus und die Haarfarbe zu ändern. Wie einer meiner zahlreichen Lehrmeister zu sagen pflegte: „Trage neue Schuhe und die Leute sehen einen anderen Menschen." Der Weg zu Kevendochs führte durch die nördlichen Marschen, wir schlenderten an den perfekt gepflegten Rahjagärten vorbei.
Ich spähte hinein, in der Hoffnung, einen Blick auf den Tempel zu erhaschen. Das Gebäude ist aus rosafarbenem Eternenmarmor erbaut und kann fraglos als eines der schönsten Havenas gelten. Kein Wunder, dass die gut Betuchten der Stadt gerne in seinem Schatten an einem der kleinen Seen des Parks rasten. Leider fehlte uns die Zeit,

um zwischen blühenden Hecken zu wandeln. Wir eilten weiter, an vornehmen Stadtvillen vorbei, denn wir waren in wichtiger Mission unterwegs, Corans energischer Gang ließ daran keinen Zweifel. Hin und wieder überholte uns eine Kutsche, ansonsten folgte das Viertel einem eher gemächlichen Trott.

Ein paar junge Damen aus den besseren Kreisen flanierten, von Bediensteten begleitet, zwischen Juwelieren, Hutmachern, Schneidereien und Schuhmachern hin und her. Gutsituierte Herren und Damen, die in den besseren Tavernen das Mittagsmahl eingenommen hatten, kehrten zurück in ihre Kontore und Betriebe, während ein Straßenkehrer, leise vor sich hin pfeifend, den Bordstein fegte. Eine ältere Dame führte zwei kläffende Hunde aus, die wie Stofftiere aussahen.

Bei Kevendochs, einem großen Eckhaus mit hochherrschaftlichen Fenstern und hübscher Fuchsornamentik am Giebel, herrschte erstaunlicher Andrang. Gut gekleidete Bürger aller Altersgruppen bevölkerten den großen Verkaufsraum, zwei Verkäufer hinter der Verkaufstheke hatten alle Hände voll zu tun, die Kundschaft zügig abzufertigen.

Dabei mussten sie immer wieder dieselben Fragen beantworten. Hatten sie den Einbruch mitbekommen? Was war alles gestohlen worden? Hatte sich die Stadtgarde schon um das Problem gekümmert? Waren die Täter schon

gefasst? Und würde Kauffrau Rondriane das Thema im Rat ansprechen? Eine ältere Dame mit einer näselnden Stimme, die aufdringlich nach Thymianbonbons roch, wies darauf hin, dass das Verbrechen in den letzten Jahren immer mehr zugenommen habe, und dass dies sicher mit den Ausstädtern zu tun habe, die nun, da Frieden herrsche, wieder mehr in die Stadt drängten. Ich warf Lynn einen kurzen Blick zu. Sie gab mir durch ein Kopfschütteln zu verstehen, dass sich das Verbrechen wie immer benahm.

Die beiden Verkäufer bemühten sich redlich, alle Fragen höflich zu beantworten und dabei noch die Kasse zu führen. Ich bewunderte ihre Geduld. Coran hingegen besaß keine. Er schob sich zwischen einem älteren Herrn mit Gehstock und einer jungen Frau mit einem Kleinkind auf dem Arm, das lautstark nach Honigbonbons verlangte, hindurch. Dann schlug er die Kapuze zurück und verlangte, die Kauffrau persönlich zu sprechen. Wenn ein Saordubh in Havena erkannt werden möchte, dann wird er erkannt. Einer der Verkäufer geleitete ihn sofort in ein Hinterzimmer.

Lynn und ich blieben uns selbst überlassen. Die sensationslüsterne Meute im Laden schien uns nicht lohnend. Wir sahen uns erst drinnen, dann draußen auf eigene Faust um. Weder im Verkaufsraum noch am Gebäude selbst waren Spuren eines Einbruchs offensichtlich. Aber wenn die Leute noch derart lebhaft darüber sprachen,

konnte nicht allzu viel Zeit ins Land gegangen sein. Lynn sagte, dass sie keine Ahnung habe, wer hier eingebrochen sei. Anscheinend war der Bruch so frisch, dass er sich noch nicht herumgesprochen hatte.

Kevendochs lag an der Grenze zum südlichen Teil der Marschen. Lynn führte mich ein paar Straßenzüge weiter, wo vom Glanz der Villen nichts mehr übrig war, sondern der Putz von den Wänden alter Mietskasernen bröckelte und die Ecken nach Urin stanken. Dort gab es in den abgebrannten Ruinen einer alten Schusterei einen kleinen Imbisstand, der vorzügliche gebratene Scholle servierte. Um die Mittagszeit drängten sich dort ein paar hohlwangige Kinder, deren Eltern nicht auf sie aufpassen konnten, weil sie noch damit beschäftigt waren, ihren Rausch auszuschlafen, oder auf den Werften des Südhafens für einen Hungerlohn schufteten. Die Kinder vertrieben sich den Tag mit Ballspiel und dem Versuch, altes Brot bei den umliegenden Bäckereien zu schnorren. Sie erschienen mir wie eine Schablone meiner eigenen Jugend im Orkendorf. Ich ließ ein paar Silbermünzen springen und kaufte der ganzen Truppe ein verspätetes warmes Mittagessen. Dafür beantworteten uns die Kinder zwischen gierigen Bissen eifrig ein paar Fragen. So erfuhren wir, dass sich der Einbruch in der Nacht von vorgestern zu gestern zugetragen hatte und ein junger Mann, auf den die Beschreibung Jaemesh Saordubhs erfreulich gut passte, vor dem Ein-

bruch ein paar Tage lang um das Haus geschlichen war. Er hatte einen Jungen, der betteln wollte, verscheucht und war überhaupt sehr reizbar gewesen. Einmal hatte ihn ein Lederball gestreift, da hatte er gedroht, die Büttel zu rufen. Lynn lächelte wissend, als ob sie sich sicher sei, dass Jaemesh und der Einbruch miteinander zu tun hatten. Wir bummelten zurück zu Kevendochs und warteten auf Coran.

An Meriwen Saordubh, Honingen
7. Peraine 1040 BF

Liebe Meriwen, Ich glaube, dass wir endlich einen Durchbruch erzielt haben. Meredins zwielichtige Freundin stieß uns mit der Nase auf einen Einbruch, der kürzlich bei Kevendochs stattgefunden hat. Irgendwie bekamen sie und Meredin heraus, dass Jaemesh das Krämergeschäft vor dem Einbruch ausgekundschaftet hat.
Dieser Umstand gefällt mir natürlich ganz und gar nicht, aber da der Junge noch immer verschwunden ist, bin ich ganz froh, überhaupt eine Spur zu haben, und vor allem, dass ich sie vor den Bütteln habe. In was für Schwierigkeiten hat der närrische Bursche sich nur diesmal hineingeritten?

Meredin ist einigermaßen anstrengend. Ich habe den Eindruck, dass er sich leicht ablenken lässt und unsere Suche als einen ausgedehnten Stadtbummel ansieht. Daher habe ich mich meinen beiden Ermittlern nun notgedrungen angeschlossen, zumal ich auch noch immer nicht genau weiß, was mit meinen 25 Dukaten passiert ist.
Ich kann nur vermuten, dass diese Lynn damit die Information über Jaemesh und den Krämerladen erkauft hat. Ich habe mit Rondriane persönlich gesprochen. Dabei habe ich den Jungen natürlich unerwähnt gelassen. Stattdessen habe ich ihr versichert, wie unerhört ich das Ganze finde, und ihr zugesagt, mich im Rat in Zukunft für die Sicherheit in den Marschen starkzumachen. Sie versucht schließlich schon seit Jahren, den Ältestenrat dahingehend zu beeinflussen, sich mehr für die Nachbarschaft einzusetzen.
Ein wenig ironisch ist das zwar schon, wenn man ihre eigene Vergangenheit als Schmugglerin bedenkt. Aber da der König sie damals höchstpersönlich aus der Moorburg holen ließ, damit sie die Bande der gefürchteten Nebelgeister aufrieb, vertraute ihr schließlich auch der Ältestenrat. Nach allem, was ich weiß, führt sie nun ein ehrbares Leben, und so wunderte es mich nicht, wie leidenschaftlich sie ein Plädoyer für die Sicherheit der Stadt auf mich herabregnen ließ. Wie vielen anderen Händlern ist Rondriane der Schlendrian der südlichen Marschen

zuwider. Sie erzählte mir eine halbe Stunde ausführlich, dass sich ehrliche Leute nachts kaum noch auf die Straße trauten und man im Viertel schon über die Gründung einer Bürgerwehr nachdenke, für den Fall, dass der Rat nicht endlich einschreite. Nach einigem guten Zureden meinerseits überließ sie mir schließlich eine Liste der gestohlenen Waren. Um nicht erklären zu müssen, was es mit Meredin und Lynn auf sich hatte, gab ich sie als unabhängige Berater in Sachen Haussicherheit aus, die mich in Bezug auf unser Wohnhaus berieten.

Ich bot Rondriane an, dass meine Spezialisten auch einmal einen Blick auf den Tatort werfen könnten. Sie war immerhin interessiert genug, um uns kurz durch ihre Lagerräume zu führen. Dort war, so bestätigten Meredin und Lynn, professionell eingebrochen worden. Die Schlösser wiesen keinerlei Kratzspuren auf, die vorhandenen Sicherheitsmechanismen, wie zum Beispiel versteckte Trittplatten, die eine laute Glocke in einem anderen Zimmer betätigten, waren gekonnt ausgeschaltet oder umgangen worden.

Auch hatte der Einbrecher einige mit Giftnadeln gesicherte Truhen mühelos geöffnet und den Sicherungsmechanismus umgangen. Sogar Meredin zeigte sich beeindruckt, und das will etwas heißen, wir wissen schließlich aus eigener Erfahrung nur zu gut, dass er ein Virtuose mit dem Dietrich ist.

Was die gestohlenen Waren anbelangt, so sind einige teure Elixiere und diverse alchimistische Zutaten und seltene Gewürze verschwunden, darüber hinaus etwas Geld aus der Kasse. Die Kasse allein kann aber kaum der Anreiz gewesen sein, den Bruch zu machen, da die Angestellten jeden Abend abrechnen und nur wenig Geld im Laden verbleibt. Der Verlust der Elixiere schmerzt Rondriane am meisten, viele davon waren auf Bestellung angeschafft worden und können nun nicht ausgeliefert werden. Bei einigen magischen Ingredienzen frage ich mich, ob und wie sie dafür eine Einfuhrgenehmigung erhalten hat, aber ich habe tunlichst nicht danach gefragt. Einer Eingebung folgend, ließ ich mir eine Liste der Vorbesteller aushändigen. Diesmal zögerte die Kauffrau sichtlich. Welcher Händler gibt schon gern Preis, welche Kunden was zu welchem Rabatt bestellen?

Ich versicherte ihr jedoch, dass ich keinerlei Zahlen sehen wollte, und sie auch nur ihre Neukunden aufführen müsse, die Stammkäuferschaft sei uninteressant. Auch versprach ich, dass die Liste auf keinen Fall bei der Konkurrenz landen würde, sondern dass ich sie nach Abschluss der Ermittlungen vernichten würde. Dafür haftete ich ihr persönlich. Aus genau diesem Grund habe ich Meredin die Liste auch vorenthalten.

Er lamentierte ein wenig, dass er nicht effektiv arbeiten könne, wenn ich ihm nicht vertraue, aber da blieb ich hart.

Schließlich steht hier mein persönlicher guter Ruf auf dem Spiel. Ich studierte die Liste sehr genau. Dabei stach mir ein Name ins Auge. Ich hatte ihn schon einmal vor Jahren gesehen, auf einem Schuldschein, den Jaemesh unter falschem Namen ausgestellt hatte.
Ich erinnere mich noch gut an den Ärger, den Halman hatte, als die Gläubiger damals herausfanden, wer sich hinter dem Alias verbarg. Es hatte einiger größerer Summen bedurft, um die Unannehmlichkeiten aus der Welt zu schaffen. Nun, nach Jahren, hatte Jaemesh ein Dutzend unwahrscheinlich teurer Elixiere mit Wasserodem bestellt, um sie dann zusammen mit ein paar anderen ebenfalls teuren Waren zu stehlen. Ganz schön gerissen. Sein altes Alias hatte er wahrscheinlich aus Gewohnheit genommen, oder er hatte es schon die ganze Zeit benutzt, ohne dass Halman oder ich etwas davon mitbekommen hatten.
Wenn ich den Bengel in die Finger kriege, dann hole ich ihn aber so kiel, dass er seine Hände auf Jahre nicht mehr für Unterschriften benutzen kann. Als ich meine Begleiter in die Sachlage einweihte, bot Lynn an, sich auf dem Schwarzmarkt umzuhören.
Alchimistische Elixiere erzielen dort aufgrund ihrer Seltenheit immer noch einen sehr ansehnlichen Preis, ebenso wie Gewürze. Daher ist sie recht optimistisch, dass wir über ein fingiertes Kaufangebot an den oder die Täter herankommen können. Sowohl sie als auch Meredin sind

davon überzeugt, dass Jaemesh den Bruch nicht allein durchgeführt haben kann, sondern dass man bei einigen der Alarmmechanismen mehrere Leute braucht, um sie sauber auszuschalten.

Überhaupt seien die Sicherheitsvorkehrungen der Lagerräume raffiniert eingebaut, und es sei deutlich zu merken, dass die Kevendoch selbst einmal „vom Fach" gewesen sei. So jemand sei nicht so leicht auszutricksen. Da brauche es Virtuosen. Ich verlasse mich hierbei auf das Wort der Fachleute. Aber ein Virtuose ist unser Jaemesh mit Sicherheit nicht. Ich bin schon beinahe froh darüber, dass meine frisch gebackenen Berater wenigstens keine Spuren irgendwelcher Zauber am Tatort finden konnten. Wenn er sich nun auch noch mit magischem Gesindel eingelassen hätte, dann wüsste ich bald nicht mehr, was ich noch für den Jungen tun könnte. Wohin mich das Ganze führt, weiß ich noch nicht, aber mach Dir keine Sorgen, ich werde natürlich kein unnötiges Risiko eingehen, sondern mich immer absichern. Du kennst mich ja. Während sich meine beiden Ermittler nun in die Niederungen der Stadt begeben, werde ich einen ausführlichen Spaziergang mit Alrik machen. Vielleicht schaue ich dabei sogar bei meinem

guten alten Freund Cian ui Raligh vorbei und erkundige mich, wie es mit seinem Geschäft, ehemalige Seesoldaten als Elitesöldner an Handelsschiffe zu vermitteln, so geht.

In Liebe, Dein Coran

PS: Wie steht's bei euch? Hat sich die Wöchnerin schon gut erholt? Ist der Nachwuchs wohlauf? Berichte mir alsbald.

Beglaubigter Bericht der Lynn Seehoff über ihre Tätigkeit als private Ermittlerin
Kanzlei Steinhäusler und Dunaghan Verschlusssache

Ich, Lynn Seehoff, halte die folgenden Ereignisse fest, für den Fall, dass mir etwas zustößt oder mir der Prozess gemacht wird. In diesem Fall sollen diese Aufzeichnungen als Beweismaterial dienen, dass ich im Auftrag und ehrbarster Absicht handele und keinesfalls zur persönlichen Bereicherung.

Nur wenn es zu vorgenannten Umständen kommt, sind die Aufzeichnungen bei Gericht vorzulegen, bis dahin ist höchste Vertraulichkeit geboten, um die meinem Auftraggeber zugesicherte Diskretion über meinen Auftraggeber, unser Geschäftsverhältnis und die Natur des Auftrags zu bewahren.

Ich wurde von Coran Saordubh angeheuert, um seinen verschwundenen Neffen Jaemesh Saordubh ausfindig zu machen. Dabei erhielt ich Unterstützung durch den Handelsreisenden Meredin Inveric. Es existiert kein schriftlicher Vertrag über die Vereinbarung, doch berufe ich mich auf das Ehrenwort des vorgenannten Auftraggebers, dass mir aus den Ermittlungen keine Straftat anhängig werde. So bin ich im Falle einer Anzeige oder eines Gerichtsprozesses bereit, unter praiosgefälligem Eide über das Geschäftsverhältnis auszusagen.

Unsere privaten Ermittlungen führten uns bereits einige Male ins Orkendorf, konzentrieren sich derzeit aber auf die Marschen. Ein Einbruch ins Geschäft Rondriane Kevendochs spielt hierbei eine Rolle, derzeit ist leider davon auszugehen, dass der junge Saordubh in den Einbruch verwickelt war.

Da mir durch meinen Auftraggeber Informationen über die gestohlenen Gegenstände vorliegen, beginne ich nun mit Ermittlungen auf dem Schwarzmarkt. Nicht in der Absicht, mir die Diebesbeute unrechtmäßig anzueignen, sondern schlicht in der Absicht, die Hintermänner des Einbruchs zu identifizieren. Ich werde wohl einige wenig ehrbare Orte ansteuern müssen, um an Hinweise zu gelangen. Im Einklang mit meinem Auftraggeber wurde der Plan gefasst, sich als mögliche Käufer auszugeben, um weitere Hinweise zu erhalten.

Gegeben und beglaubigt, am 7. Peraine zu Havena
In der Kanzlei Steinhäusler und Dunaghan
gez. Rutbert Steinhäusler

Aus den geheimen Memoiren des Glücksritters und Weltenbummlers Meredin Inveric

Die gute Lynn scheint mir plötzlich ein wenig überängstlich. So teilte sie mir im Vertrauen ihre Befürchtung mit, dass Coran nach getaner Arbeit versuchen könne, uns den Einbruch anzuhängen und unsere Verbindungen in die Halbwelt gegen uns auszulegen, um uns als Mitwisser auszuschalten und in die Moorburg abzuschieben. Ich versicherte ihr, dass dies nicht seinem Charakter entspräche und ich mich noch nie so schwer in einem Menschen getäuscht hätte, doch es gelang mir nicht, sie zu überzeugen. Sie hat seit jeher drauf bestanden, sich immer abzusichern. Am besten dreimal.

Und sie traut den reichen Leuten nicht. Immerhin konnte ich sie überreden, unserer Sache weiterhin treu zu bleiben. So ungern ich das auch zugebe, ohne Lynns Kontakte und Expertise wären Coran und ich vermutlich aufgeschmissen. Sie jedenfalls wollte die Angelegenheit schnell hinter sich bringen, und so nahmen wir noch am selben Abend unsere Ermittlungen wieder auf.

Wir besuchten verschwiegene Hinterzimmer einiger Kontore, einen verschlafenen Hinterhof in Fischerort und eine Wäscherei im Orkendorf. Dann machten wir sogar eine kurze Bootsfahrt auf dem Großen Fluss. Jedes Mal näherte sich uns jemand wie zufällig. Ein Buchhalter hier, eine

Waschfrau dort, oder ein redseliger Flussschiffer. Jedes Mal fielen ein paar bestimmte Worte, die einem Außenstehenden wie zufällig erscheinen mussten, dann wurden kurz und knapp Gesuche und Angebote getauscht. Lynn verlangte diverse Elixiere im Namen eines Kunden und bot, manchmal erst nach kurzem Feilschen, manchmal gleich von Anfang an, eine beachtliche Summe Geldes. Dafür bestand sie jedoch auf einer sofortigen Übergabe. Schließlich empfahl uns der Flussschiffer einen Besuch im Krakenkönig im Orkendorf.

Dort sei heute Abend jemand, der uns unsere Wünsche zum ausgehandelten Preis erfülle. Eine Parole wurde vereinbart, dann landete das Flussschiff an und entließ uns in die lärmenden Straßen des Nalleshofs. Ich hatte kaum einen Fuß an Land gesetzt, da rempelte mich ein betrunkener Seemann an.

Ich ließ mich schimpfend fallen. Als er mir aufhalf, bedankte ich mich jedoch überschwänglich. Wir umarmten einander sogar, dann umarmte ihn Lynn, und schließlich trennten wir uns gut gelaunt. Ich war allerdings sicher, dass es mit der guten Laune des Taschendiebs bald vorbei war, denn nicht nur hatte Lynn während der Verbrüderung unsere Geldbeutel zurückgestohlen, sie hatte sich auch noch den Beutel des „Seemanns“ geschnappt. Wir beide hatten als Taschendiebe und Trickspieler angefangen, und der betrunkene Seemann war ein Klassiker. Gefährlich

werden Taschendiebe eigentlich erst, wenn sie zu zweit arbeiten –so wie wir – und wenn einer für Ablenkung sorgt, während der andere alle Zeit der Welt hat, sich die Taschen seines Gegenübers anzuschauen.

Gleich drauf mussten wir ein paar echten betrunkenen Seeleuten ausweichen, einer von denen war ein massiger Bornländer und ich erkannte bereits am Blick, dass er auf der Suche nach Ärger war. Wann immer Lynn nicht direkt an meiner Seite lief, stürzten sich die Dockschwalben auf mich wie Möwen auf ein Stück Bratfisch. Einmal hatte ich gleich drei auf einmal an meiner Seite. Sie versprachen mir lachend, mich ja nicht gleich heiraten zu wollen, und forderten, ich solle mich nicht so prüde wie ein Krakeninsulaner aufführen. Es kostete mich tatsächlich einige Mühe, mich ihnen zu entwinden.

Um uns herum glitzerten die Auslagen kleiner Krämerläden, die von efferdgefälligen Talismanen über Affenpfoten und ausgestopfte Fischköpfe bis hin zu Flaschenschiffen, exotischen Süßigkeiten und falschen Schatzkarten allen Plunder verkauften, den die Welt hervorgebracht hatte. Ein Laden führte Feenhaar und Einhorntränen als Ingredienz für Liebeszauber, ein anderer Pulver aus Aal und Tigerhoden als Potenzmittel.

Der Nalleshof versorgte den Unerschrockenen mit Dingen, die man nicht brauchte, und mit noch mehr Dingen, die man wirklich nicht brauchte. Viele Tavernen hatten ihre

Fenster mit bunten Muschelketten, exotischen Masken und durchscheinenden Bildern von mächtigen Schivonen, Karracken und Karavellen verziert. Von drinnen glitzerte Licht hervor. Wie Bierhumpen geformte Messingschilder und helle Glöckchen klimperten in der steten Brise, aus den Tavernen drangen Gelächter und trunkener Gesang. Auf den Straßen schrien einem die Werber ins Ohr, die mit besten Preisen, den schönsten Tänzerinnen und bestem albernischen Bier lockten.

Eine wettergegerbte Vettel wollte uns nivesische Schutzamulette andrehen, ein dürrer junger Mann versuchte, uns fettige Süßigkeiten aufzudrängen. Überall glitzerte oder funkelte etwas, die Mädchen trugen farbenfrohe Kleider, die Seeleute Mode aus aller Herren Länder, und so konnte sich das Auge kaum sattsehen an der Farbenpracht. Wir verbrachten ein paar schöne Stunden im Nalleshof. Zur Rahjastunde war es an der Zeit, den Krakenkönig aufzusuchen.

Die Kaschemme lag in der Nähe des Seehafens. Die Häuser hier standen so eng und waren so schäbig, dass sie sich aneinander festzuhalten schienen wie Betrunkene. Ich trat beinahe in eine Lache Erbrochenes. Nur wenige Schritt von uns entfernt saß ein alter, einbeiniger Seemann. Er trank Schnaps aus einer bauchigen Flasche. Neben sich hatte er eine Decke ausgebreitet, auf der kleine geschnitzte Glücksamulette lagen. Delfine, Schildkröten, Perlen,

Fische, Schiffe. Hin und wieder summte er leise vor sich hin. Den Takt klopfte er mit seinem Holzbein. Unter der nächsten Laterne fror ein hübscher Rotschopf im Nachtwind. Die leichte Kleidung war nicht dazu gedacht, um lange draußen zu stehen, das Mädchen schnupfte Tabak und trank gelegentlich einen Schluck aus einem tönernen Flachmann, um sich warmzuhalten.

Der Krakenkönig machte seinem Ruf als mieseste Kneipe der Stadt alle Ehre. Eine niedrige Tür und vergilbte Fenster luden nicht gerade zum Verweilen ein. Überhaupt schien das Haus, dessen Balken sich unter der Last der Jahre bogen, darum zu betteln, dass man nicht hineinging.

Lynn hakte sich bei mir unter. Obwohl sie für den Ausflug sehr unauffällige Kleidung gewählt hatte, und dadurch vor den Nachstellungen paarungswütiger Seeleute leidlich sicher schien, gab sie mir zu verstehen, dass ich nicht von ihrer Seite weichen sollte.

Wir betraten die Spelunke nicht über die Vordertür, sondern über den Hinterhof. Nur Naivlinge klopften an der Frontseite und verrieten sich damit als Ortsfremde. Drinnen war die Luft abgestanden, der Gestank von altem Räucherfisch bildete mit den alkoholischen Ausdünstungen der Gäste und einer starken Note von Urin und mit Rinde gestrecktem Pfeifenkraut eine nahezu dämonische Mischung. Am Tresen hockten Gestalten, bei denen man sich unwillkürlich fragte, wann sie sich das letzte Mal

von ihrem Platz wegbewegt hatten. Gealterte Huren mit fahler Haut und schiefen Zähnen, abgewirtschaftete Tagelöhner und Gewohnheitstrinker – kurzum, Verlorene wurden hier hereingespült wie Treibgut zum Strand. Die vierschrötige Wirtin schenkte an diesem Abend nur ein einziges Getränk aus, eine tödliche Mischung aus Gagelbier und billigem Goldbrannt.

Ein betrunkener Gast klimperte unmelodisch auf einer Leier herum. Ab und an warf jemand eine leere Flasche nach ihm, aber der Vorgang unterbrach das Leierspiel nur für wenige wohltuende Augenblicke. Auf dem Tresen hockte eine schwarze Katze und starrte jeden Gast aus gelben, bösartigen Augen an.

Vor dem Abort schlief jemand in seinem eigenen Erbrochenen. In den dunklen Ecken saßen nicht minder dunkle Gestalten. Lynn kannte einige von ihnen, wie die halborkische Schmugglerin, den Messer-Jast und die bucklige Brea. Lynn grüßte. Ich machte mit. Von der Halborkin bekamen wir nur ein Grunzen zu hören, die bucklige Brea schlief neben ihrem Bier-Schnaps-Gemisch, nur der Messer-Jast, ein schlacksiger Mensch, mit roter Trinkernase, wirrem Haar und nervösen Händen, winkte uns zu sich heran.

Verschwörerisch zwinkerte er uns zu. Wir nannten die vereinbarte Parole. Er auch. Dann schob er uns einen Umschlag zu. Darin befand sich ein Stück Pergament,

auf dem eine Uhrzeit und ein Ort notiert waren. Heute Nacht, zur Efferdstunde, an der Brücke der Meerstraße. Lynn nahm den Umschlag, dann reichte sie selbst einen herüber. Er enthielt eine saftige Anzahlung.

Dann spendierte sie dem Messer-Jast ein Getränk. Als einer der Tagelöhner, der hier seinen Wochenlohn in einer Nacht durchbrachte, einem anderen auf die Schuhe kübelte, sahen wir zu, dass wir wegkamen. Hinter uns klirrte Glas, jemand brüllte eine obszöne Beleidigung, eine Frau kreischte. Etwas stürzte krachend auf den Steinboden. Wir hörten noch ein Röcheln und ein Stöhnen, dann hatten wir den schaurigen Ort hinter uns gelassen. Als uns oben an der Treppe der Seewind entgegenschlug, atmeten wir beide tief und erleichtert ein. So frisch hatte die Luft in Havena noch nie gerochen.

IV

Die Falle

An Meriwen Saordubh, Honingen 8. Peraine 1040 BF

Liebe Meriwen,

Wie versprochen, berichte ich Dir, so oft ich kann. Immerhin sind die jüngsten Ereignisse recht abenteuerlich, und wir beide wissen, wie sehr Du Abenteuergeschichten liebst. Lass mich Dir nun also eine solche berichten, in der Dein Mann zum Geheimagenten wurde. Ich verspreche bei Praios' Licht, dass ich nicht übertreiben oder flunkern werde.

Ich hatte einen geruhsamen Nachmittag bei Cian ui Raligh verbracht und war zum Abendessen zurück nach Hause gekehrt. Unser guter Ulfert machte Kohl mit Lyngwyner Käse. Du weißt, wie sehr ich dieses einfache Gericht liebe. Ich hatte mich gerade zum Lesen zurückgezogen, da kontaktierte mich Meredin. Der Zeitpunkt der fingierten Übergabe nahte, und ich wurde gebraucht. Also schlüpfte ich in wärmende Kleidung, dann gab ich Cian Bescheid. Er war etwas verwundert, dass ich mich zu so später Stunde meldete und seine Hilfe so kurzfristig brauchte, doch Du weißt, wie es geht unter alten Waffengefährten. Da wird nicht groß gefragt, da wird gehandelt.

Was er genau vorhatte, teilte er mir nicht mit. Aber das erwartete ich auch nicht. Er hatte mir versprochen, dass wir die Halunken fassen würden, und er steht immer zu

seinem Wort. Sofort schickte er seine Leute auf Position. Inzwischen putzte Meredin mich kräftig heraus. So sehr, dass ich mir mit einer Perücke auf dem Kopf und einer falschen Narbe im Gesicht beinahe albern vorkam. Außerdem hatte er mich genötigt, einen Mantel aus dem lieblichen Feld zu tragen. Ein derart unpraktisches Kleidungsstück ist mir noch nie untergekommen. Welcher Mensch, der bei Verstand ist, trägt denn bitte Samtmäntel? So ein Stück hält kaum warm, und jedes Staubkorn bleibt daran hängen. Aber ich mimte nun einmal den ausländischen Handelsherrn, der hier in Havena seine Geschäfte zollfrei abwickeln wollte.

Ich ließ es mir nicht nehmen, meinen alten Marinesäbel mitzunehmen. Meredin war dagegen, weil er angeblich nicht zu der Figur passte, die ich verkörperte. Aber in diesem Punkt ließ ich mich nicht auf Diskussionen ein. Dieser Säbel hat mich oft genug vor Piraten bewahrt. Und auch in dieser Nacht sollte er noch einmal mit auf Schurkenjagd gehen.

Meredin hingegen gab den Leibwächter. Dazu hatte er sich mit meinem alten Waffenrock und einer Lederrüstung ausstaffiert. Außerdem trug er ein Langschwert und robuste, abgetragene Lederstiefel. Ich fragte mich, ob der Mann auf Reisen ein extra Schiff für seine Kleidung bucht.

Als wir die Brücke erreichten, konnte ich zunächst keine verdächtigen Aktivitäten ausmachen, ich sah lediglich

einen betrunkenen Herumtreiber, der sich in eine Kuhle in der Uferböschung zusammengerollt hatte und dort seinen Rausch ausschlief. Meredin machte mich stumm auf die leisen Geräusche aufmerksam, die von unterhalb der Brücke zu uns heraufdrangen. Dort machten sich mehrere Leute heimlich zu schaffen. Ich hörte leise Schritte und Wasser, das gegen den Bug eines Holzbootes schlug.

Die Hehler, kräftige, sehnige Kerle, glichen normalen Flussschiffern, nur dass sie bei Nacht arbeiteten. Ein kleiner Kahn lag am Ufer vertäut. Im Schein einer Blendlaterne luden fünf kräftige Männer Kisten auf einen Handkarren. Sie waren mit Knüppeln, Langdolchen und Kurzschwertern bewaffnet. Ein Sechster stand am Brückenpfeiler Schmiere. Er rauchte seelenruhig aus einer Meerschaumpfeife, während die anderen eilig die Fracht verluden. Wir verließen die Brücke, um die Uferböschung hinabzuklettern.

Der Mann an der Brücke nahm die Pfeife aus dem Mund und stieß einen leisen Pfiff aus. Sofort griffen die anderen zu ihren Waffen. Der Raucher gab ihnen einen Wink. Er kam uns einige Schritte entgegen, achtete aber darauf, im Schatten der Brücke zu bleiben. Ich trug einen prallen, klimpernden Münzbeutel bei mir, den Lynn zuvor mit Falschmünzen aus billigem, geplättetem Eisen befüllt hatte. Im oberen Drittel des Beutels war innen eine Lederlasche eingenäht, die man so knöpfen konnte, dass ein

zweiter Beutel über dem ersten lag. In diesem zweiten Beutel waren echte Dukaten aus meinem Besitz platziert, sodass es einem flüchtigen Betrachter erscheinen müsse, als ob der gesamte Beutel mit Gold gefüllt sei. Ich muss zugeben, dass es mich inzwischen kaum noch verwundert, dass die Frau über solcherlei trügerischen Tand verfügt. Unser präparierter Goldbeutel konnte allerdings nur auf den ersten Blick täuschen, einer genaueren Untersuchung würde er nicht standhalten. Meine Aufgabe war es, zu verhindern, dass die Diebe zu früh von der Charade Wind bekamen.

Wir näherten uns vorsichtig. Meredins Hand lag auf dem Knauf seines Schwerts, der Blick war wachsam, plötzlich wirkte er weit weniger wie ein Lebemann, sondern tatsächlich wie ein aufmerksamer Leibwächter. Lynn trat wie schon die ganze Zeit als Vermittlerin auf. Wieder wurden Parolen geflüstert, dann holte ich den Beutel hervor. Einer der Diebe brachte auf ein Nicken seines Anführers eine flache Tabakkiste herbei.

Der Raucher nahm sie entgegen, klappte sie auf und hielt sie uns hin. Lynn gab mir einen unauffälligen Fingerzeig. Ich trat mit dem Beutel näher und öffnete ihn, sodass die Dukaten im Schein der Laterne blinkten. Lynn und ich begutachteten die Waren. Wir hatten vor allem Elixiere und ein paar seltene Kräuter bestellt. Unsere Bestellung entsprach natürlich nicht in Gänze dem kevendochschen

Raubgut, da wir die Diebe nicht misstrauisch machen wollten. Unsere Liste hatte vielmehr so wirken sollen, als sei ein wohlhabender Alchimist dabei, seine Ingredienzen zu erweitern.

Da mir Rondriane eine genaue Beschreibung der gestohlenen Flacons und Kräutersäckchen gegeben hatte, erkannte ich sofort, dass die Waren aus dem Raub stammen mussten. Ich rieb mir nachdenklich das Kinn und nickte bedächtig. „Sieht nicht übel aus“, brummte ich dann. Damit gab ich das Signal zum Angriff. Plötzlich bewegte sich ein Schemen auf dem Fluss.

Ein Boot glitt näher, das im Schatten unter der Brücke gedümpelt haben musste. An der Uferböschung huschten mehrere Gestalten in gebückter Haltung heran. Die Diebe fluchten. Meredin zog sein Schwert und ich den Säbel. Lynn riss einen Dolch aus ihrem Wams.

Da sich die Diebe plötzlich in der Unterzahl gegen eine größere Schar Bewaffneter sahen, wollten sie in ihren Kahn springen. Doch der Weg zu Wasser wurde durch das näherkommende Boot abgeschnitten. Die Männer am Ufer ergaben sich.

Plötzlich hob der Mann mit der Meerschaumpfeife seinen Säbel und sprang an mich heran. Reflexartig riss ich die Waffe hoch, aber er vollführte ohnehin nur eine Finte. Mit der freien Hand zog er mir den Beutel aus den Fingern. Noch in der Bewegung holte er aus und schlug

Lynn den Beutel gegen die Schläfe. Sie taumelte und gab so eine Lücke frei. Blitzschnell drängte sich der Dieb zwischen uns hindurch und stürmte die Uferböschung hinauf Richtung Meerstraße.

In diesem Augenblick erwachte der schlafende Herumtreiber. Er richte sich auf, zog eine Armbrust und legte in einer fließenden Bewegung an. Die Sehne surrte. Im nächsten Moment brach der Flüchtende in die Knie. Er stieß einen leisen Schmerzenslaut aus und hielt sich das Bein. Zwei unserer bewaffneten Verbündeten eilten hinüber, packten ihn und zerrten ihn zurück zum Ufer. Ein Bolzen steckte in seinem Knöchel. Er musste gestützt werden. Der Rest von Cians Truppe entwaffnete die Diebe.

Die Geschlossenheit der Bande zerbrach bereits bei der ersten Androhung der Moorburg. Sie gestanden den Einbruch, beschuldigten einander aber gegenseitig, die Beute geraubt zu haben, während jeder einzelne natürlich höchstens Schmiere gestanden haben wollte.

Auch ihr Anführer, der mit seiner Meerschaumpfeife im Mundwinkel so abgebrüht gewirkt hatte, zeigte sich schnell geständig. Der verletzte Knöchel spielte dabei keine unwichtige Rolle. Als ich ihm anbot, ein gutes Wort bei Gericht einzulegen, wenn er mir mitteilte, wie Jaemesh in die Sache verwickelt war, schüttete er mir geradezu sein Herz aus. Wie sich herausstellte, war unser verletzter Dieb kein geringerer als jener Cynwal, den Meredin und Lynn

bisher vergeblich gesucht hatten. Er berichtete mir, dass er Jaemesh von den Immanwettgeschäften kannte, und dass der Junge einige Schulden bei Cynwal und seiner Bande angehäuft hatte.

Um die Schulden ein für alle Mal zu tilgen, hatte Jaemesh seinem Gläubiger ein Geschäft vorgeschlagen. Von hier an wurde die Geschichte immer fischiger. Angeblich sei der Diebstahl bei Kevendochs Jaemeshs Idee gewesen. Mühelos hatte er in der Nacht des Einbruchs alle Türen und auch die Schlösser der Truhen geöffnet, während Cynwals Leute alle Hände voll damit zu tun gehabt hatten, die ausgeklügelten Alarmsysteme des Kevendoch'schen Kontors auszuschalten.

Anschließend habe er für sich nur die Elixiere mit Wasserodem beansprucht, den Rest der Beute habe er Cynwal zur Tilgung der Schulden überlassen. Danach sei er in die Nacht verschwunden, und bisher nicht wieder aufgetaucht.

Das Ende klang in meinen Ohren unvollständig, und auch wollte es mir nicht in den Kopf, dass unser Jaemesh plötzlich so ein begnadeter Fallenmechaniker sein sollte. Ich bohrte nach. Doch selbst, als ich Cynwal drohte, ihn auf die Blodbrook zu bringen und seinen Kopf dem Henkersbeil zu überlassen, blieb er bei seiner Geschichte. Er wand sich, beteuerte aber immer wieder, dass sich die Sache genauso abgespielt habe.

Ich sah die Angst in seinen Augen flackern. Sie war echt. Da der Mann objektiv nichts mehr zu verlieren hatte außer seinem Leben, musste ich zähneknirschend akzeptieren, dass die Geschichte wohl doch zu stimmen schien. Immerhin blubberte Cynwal noch etwas vom Wütenden Walfisch, einer Kneipe im Nalleshof, wo sich Jaemesh in der letzten Zeit immer dann herumgetrieben habe, wenn er nicht im Esche und Kork gewesen war.

Dort hatte er mit Taschenspielertricks angeblich arglose Seeleute ausgenommen, um sich über Wasser zu halten. Woher er das wusste? Na, er behielt seine Schuldner gern ein wenig im Auge. Doch nach dem Einbruch habe sich Jaemeshs Spur verloren. Ich meinesteils war mir zu diesem Zeitpunkt im Klaren, dass ich aus Cynwal keine hilfreichen Hinweise mehr herausbekommen würde, und überließ es Cians Seesoldaten, ihn und seine Einbrecher zu den Bütteln zu bringen.

Lynn und Meredin hatten sich gleich nach dem Zugriff zurückgezogen. Natürlich wollten sie nicht, dass sich unter ihresgleichen herumsprach, dass sie in irgendeiner Weise mit der Obrigkeit assoziiert oder gar Tippgeber waren. Ich ging davon aus, dass sie mich am nächsten Morgen besuchen würden. Auf einige, wenige Stunden Schlaf hoffend, kehrte ich nach Hause zurück, aber auch dort fand ich noch nicht zur Ruhe. Kaum hatte ich es mir in Pantoffeln und Morgenmantel mit einem Schlum-

mertrunk vor dem Kamin im Salon gemütlich gemacht, überreichte mir Ulfert einen Brief, der am Abend für mich abgegeben worden war. Er war gesiegelt, doch das Siegel enthielt keinen Abdruck. Auf dem Umschlag stand lediglich mein Name, auch das Papier selbst verriet nichts über den Verfasser, außer dass er sich offenbar gutes Büttenpapier leisten konnte. Schließlich entfaltete ich den Brief. Er enthielt eine anonyme, wenn auch wohlformulierte Einladung in die Oase der Tausend Freuden zur Mittagsstunde des anbrechenden Tages.

Liebling, ich fürchte, die Geschichte wird immer seltsamer. Ich habe nun meinen Schlummertrunk beendet und Dir alle Neuigkeiten festgehalten. Ich kann es kaum fassen, dass Jaemesh bereits derart tief in die Niederungen des menschlichen Daseins abgestiegen ist, dass er Reisende bestiehlt. Den Göttern sei Dank, dass sein Vater das alles nicht mehr mitbekommt. Draußen färbt sich der Himmel schon graublau. Ich lege mich noch ein paar Stunden aufs Ohr, dann überlege ich mir, ob ich der Einladung folgen soll.

Dein Dich liebender Coran

Aus den geheimen Memoiren des Glücksritters und Weltenbummlers Meredin Inveric

Havena ist eine Stadt voller Gegensätze. Sie ist wie das Meer, schön und schrecklich, lebensspendend und voller Verderben für die Vorwitzigen und Trägen. Wir haben gefährlich-schlaue Raubfische, ebenso wie schillernde Schwärme bunter Heringe.

Was dem Meer die Gischt, ist dem Seemann sein Bier im Nalleshof, und dem Patrizier sein importierter Perlwein. Über all dem weht stets der salzige Wind der See, so als wollte uns der Launische ebenso langsam und schonend räuchern wie wir den Fisch. Nachdem ich am Abend zuvor die schlimmsten Seiten der Stadt gesehen hatte, begegnete sie mir am nächsten Morgen in neuem Gewand. Ausnahmsweise war die Wolkendecke einmal aufgerissen und die Sonne lachte über der Stadt, während ich, in Seidenhemd, Brokatwams und Kusliker Kurzmantel, durch die breiten Straßen Oberflurens schlenderte. Wann immer eine hübsche Dame vorüberschritt, zog ich meinen Federhut.

Diesmal war ich allein unterwegs, die arme Lynn erholte sich noch von einem Schlag, den sie bei unserem jüngsten Abenteuer gegen den Kopf bekommen hatte. Ich nahm mir Zeit, die mechanische Uhr am Praiostempel zu bewundern, die noch aus der Werkstatt des unübertroffenen

Leonardo stammt. Als die Uhr zur vollen Stunde schlug, sah man genau, wer in Oberfluren wohnte und wer hier nur zu Gast war. Alle Fremden blieben stehen und sahen erwartungsvoll hinauf zur Uhr, wo sich eine Klappe öffnete und eine hölzerne Kapelle erschien, während gleichzeitig ein süßes Glockenspiel erklang. Die Einheimischen, die den Zirkus gewöhnt waren, warfen höchstens einen flüchtigen Blick hinauf. Es liegt nun einmal in der Natur des Menschen, sich an Wunder zu gewöhnen, während man nicht müde wird, alle noch so kleinen Unannehmlichkeiten zu beklagen.

Als ich Corans Haus erreichte, fielen mir zwei Dinge auf. Erstens, er wurde beschattet. Zweitens, der unbekannte Beobachter bemerkte mich, kaum dass ich auf ihn aufmerksam geworden war. Er lungerte am Grundstück schräg gegenüber herum, dort lehnte er lässig an der Gartenmauer. Er studierte Corans Haus in aller Seelenruhe, wie ein Bauzimmermann sein neues Arbeitsobjekt. Er trug auch Zimmermannskleidung.

Hin und wieder kritzelte er Notizen in ein schmuckes Lederbüchlein. Falls ihn jemand ansprach, hatte er sicher eine gute Geschichte parat, vielleicht von einem baldigen Grundstücksverkauf oder einer Auffrischung des Putzes und des Stucks. Aber ich erkenne den Unterschied, ob jemand schreibt und sich dabei auf seinen Text konzentriert, oder selbiges nur vorgibt, um stattdessen unauffällig die

Straße auszuspähen. Er sah mich aus den Augenwinkeln. Ebenso wie ich ihn wahrgenommen hatte. Wir gaben vor, nicht vom anderen zu wissen, und blickten in verschiedene Richtungen, als ich ihn passierte. Aber ich merkte mir seine Gestalt und seine Gesichtszüge, die zu meinem Leidwesen jedoch kaum markant zu nennen waren.

Coran empfing mich diesmal in seinem Raucherzimmer. Wir versanken beinahe in gemütlichen Ohrensesseln vor einem großen Marmorkamin. Der Hausdiener brachte zum Frühstück eine klare Fischsuppe, die wir aus kleinen Tassen aus bestem Unauer Porzellan tranken. Mein Gastgeber sah müde aus.

In seinem Alter hinterlassen nächtliche Ausflüge tiefere Spuren. Ich hoffe, wenn ich einmal sein Alter erreiche, liege ich längst in einer Hängematte auf meinem Weingut irgendwo in der Septimana und erfreue mich an meinem unanständig großen Reichtum, während mein Verwalter das Personal antreibt und alle Arbeiten für mich erledigt.

Coran gab in knappen Worten das Ergebnis seines Verhörs wieder, dann beauftragte er mich, den Wütenden Walfisch auszukundschaften und herauszufinden, ob dort jemand etwas über seinen Neffen wusste.

Ich trat inzwischen zum Fenster und sah hinaus auf die Straße. Der Zimmermann war noch da. Doch – bei Phex – er war gut. Er musste die minimale Bewegung des Vorhangs gesehen haben. Denn er schien sofort zu begreifen,

dass seine Tarnung aufgeflogen war. Ohne Eile, genau, wie ich es gemacht hätte, packte er sein Büchlein ein und schlenderte die Straße hinunter.

Ich fragte Coran, ob er wusste, dass er beobachtet wurde. Er reagierte bemerkenswert gelassen. Falls ihm der Fakt einen Schrecken einjagte, ließ er es nicht nach außen dringen. Er dankte mir lediglich für den Hinweis, wollte aber, dass ich wie besprochen vorging. Mein Instinkt sagt mir, dass der alte Saordubh etwas im Schilde führt. Soll er doch. Er erwartet zwar, dass ich ihm alle Neuigkeiten brühwarm berichte, gibt mir aber nur dann Informationen, wenn es ihm passt. Am Ende glaubt er noch, ich wäre sein Angestellter!

An Meriwen Saordubh, Honingen
8. Peraine 1040 BF

Liebste Meriwen,

Ich befinde mich in einem Dilemma. Einerseits will ich Dich nicht beunruhigen, andererseits habe ich Dir versprochen, alle wichtigen Dinge wahrheitsgemäß zu berichten. Meredin hat heute Morgen einen Beobachter auf der Straße bemerkt, der unser Haus auszuspionieren schien. Bedenkt man noch die mysteriöse Einladung, erscheint die Angelegenheit immer rätselhafter.
Ich muss aber gestehen, dass dies alles auch meine Neugier weckt. Ich weiß, was Du jetzt sagen würdest, nämlich dass ich die Sache besser den Bütteln überlassen und keine Alleingänge wagen sollte. Aber ich denke, ich bin einigermaßen sicher, solange ich Oberfluren nicht verlasse. Wer, bitteschön, sollte es wagen, einen Saordubh auf offener Straße zu überfallen? Auch das Teehaus ist nicht gerade ein geheimer Ort. Daher habe ich beschlossen, das Mittagsmahl in der Oase einzunehmen und mich dem zu stellen, was mich dort erwartet. Sobald ich das hinter mich gebracht habe, werde ich den nächsten Brief an Dich aufsetzen. Das verspreche ich beim Salz der Heiligen Elida.

Dein Coran

Zeugenaussage der Lynn Sehoff
gegeben am 8. Peraine Nalleshofwache

Ich möchte anmerken, dass die häufigen Besuche zwielichtiger Tavernen und Bordelle, die negativ auf meinen Leumund zurückfallen könnten, meinem Auftraggeber zuzurechnen sind, der mich als private Ermittlerin für die Suche nach einer Person engagiert hat.
Details zum Auftrag kann ich Euch leider nicht nennen, da sie für die Aussage nicht relevant sind und die Angelegenheit meines Auftraggebers allein seine Sache sind. Außerdem bin ich vertraglich zur Verschwiegenheit verpflichtet. Laut meinem Auftraggeber hat sich der Gesuchte in den Tagen und Wochen zuvor häufig in der Taverne zum Wütenden Walfisch im Nalleshof aufgehalten.
Daher suchten mein Begleiter und ich das Gasthaus zwangsläufig auf, um nachzuforschen. Dabei war es unumgänglich, mit dem Wirt einen Goldbrannt zu trinken. Alles andere hätte als grobe Unhöflichkeit gegolten. Eine eingehende Befragung von Zeugen ergab, dass der Gesuchte in jener Taverne häufig mit einer Dame gesehen wurde, welche die käufliche Liebe feilbietet.
In der Hoffnung, sie könne mehr über den gegenwärtigen Aufenthalt des Gesuchten wissen, zogen wir in den umliegenden Gasthäusern und Bordellen Erkundigungen ein. Unsere Aufenthalte dort dienten also lediglich

Ermittlungszwecken. Hin und wieder mussten wir, der Höflichkeit halber, ein Gagelbier, und in einem Fall auch einen Feengeist, zu uns nehmen. Unsere guten Havener Gastwirte wollen schließlich auch von etwas leben.

Da wir jedoch durch Zeugen nur vage Beschreibungen der betreffenden Dame erhielten, gestaltete sich unsere Suche als langwierig, bis uns schließlich ihr Name genannt wurde. Rodina. Wir konnten sie später in der Schänke Schipperkrug ausfindig machen, wo sie sich allerdings inmitten einer geschäftlichen Transaktion befand. Ihrem Kunden,

einem Seemann aus dem Windhag, und den drei Matrosen in seiner Begleitung war durchaus nicht klarzumachen, dass wir Rodina gar nicht abwerben, sondern nur kurz mit der Dame sprechen wollten.

Eine höfliche Aufforderung unsererseits nahmen die Herren und die Damen Seeleute zum Anlass, ihr Revier mit Fäusten zu verteidigen. Wobei hier der Begriff „Fäuste“ in Anbetracht der nachfolgenden Ereignisse auf Krüge, Stühle und in einem speziellen Fall auch auf eine hölzerne mohische Statuette zu erweitern ist. Ich möchte noch einmal ausdrücklich anmerken, dass mein Begleiter und ich für den entstandenen Schaden in den Räumlichkeiten des Gasthauses Schipperkrug mitnichten verantwortlich sind. Zu keinem Zeitpunkt haben wir zu einer Waffe gegriffen. Nicht einmal, als sich die Gruppe Thorwaler am Nachbartisch gestört fühlte und zunächst mit Bierkrügen und dann mit dem ganzen Tisch nach uns warf. Im Gegenteil, ich verhinderte persönlich, dass der Kronleuchter die ahnungslose Schankmaid traf, indem ich das arme Mädchen zu mir hinter den Tisch der Thorwaler zog, der inmitten des Chaos lag wie ein Fels vor der sturmumtosten Küste.

Ich weise zudem die Vorwürfe der nostrischen Matrosin entschieden zurück, die behauptet hat, ich hätte mich während der Schlägerei der Taschendieberei schuldig gemacht. Ich habe lediglich überprüfen wollen, ob ihr Kamerad noch am Leben war, nachdem jemand eine

Weinkaraffe auf seinem Schädel zertrümmert hatte. Jedwede andere Behauptung ist eine ehrverletzende Frechheit, und ich möchte an dieser Stelle zu Protokoll geben, dass ich meinerseits diese Nostrierin der üblen Nachrede wegen bezichtige.
Ich möchte ebenfalls darauf hinweisen, dass der allgemeine Schnaps- und Bierpegel der Gäste des Schipperkrugs einer Zwergenhochzeit alle Ehre gemacht hätte. Dass Ihr mich hier befragt, hat wohl vor allem damit zu tun, dass ich die einzige Zeugin bin, die noch verständlich artikulieren kann. Denn, wie ich eingangs sagte, habe ich zuvor nicht aus Vergnügen getrunken, sondern aus diplomatischen Gründen, und natürlich hat sich mein Konsum starker Getränke in entsprechenden Grenzen gehalten. Wenn ich also eine Fahne habe sollte, wie Korporal Torfstecher behauptet, dann liegt das in der Natur meiner Ermittlungen und hat nichts mit meinen persönlichen Vorlieben zu tun.
Das ist im Übrigen alles, was ich dazu aussagen möchte.
Ich verlange, dass mein Advokat benachrichtigt wird.
Gezeichnet durch Lynn Seehoff

Aussage aufgenommen von: Gemeiner Aewin ui Gwenlian

V

Der Diener des Efferd

An Meriwen Saordubh
8. Peraine 1040 BF

Liebe Meriwen,

Ich berichte nun von meinem Besuch im Teehaus. Zu meiner Sicherheit habe ich Alrik mitgenommen. Mit seinem lauten Gebell und seinem mächtigen Gebiss ist er besser als jeder Leibwächter. Wir gingen noch eine Runde im Stadtpark spazieren, dort ist neuerdings wieder alles ganz adrett anzusehen. Wusstest Du, dass der Bogenschießstand erweitert wurde? Jedenfalls war heute ein wunderschöner Frühlingstag, alles drängte ins Grüne, und so hoffte ich, einen etwaigen Verfolger in der Menge der Flanierenden abzuhängen.

Natürlich sah man die Anwesenheit eines Hundes im Teehaus nicht gerade gern, aber in diesem einen Fall habe ich es mir geleistet, auch einmal exzentrisch zu sein. Ich stellte den Portier mit einem kleinen Handgeld und meinem Familiennamen ruhig.

Wenn sonst immer alle ihre kleinen Kläffer wie einen Muff mit sich herumschleppen, dann kann ich das auch mit Alrik. Der kann sich wenigstens in der Öffentlichkeit benehmen und quietscht nicht andauernd herum wie eine schlecht geölte Ankerkette. Ein Kellner mit vornehmem Spitzbart und langem gelockten Haar in einem edel

bestickten Kaftan führte mich zu einem mit seidenen Sitzkissen ausgestatteten Separee. Du wirst nicht glauben, wer an einem niedrigen Tisch aus Mohagoni bei einer Wasserpfeife und getrockneten Datteln auf mich wartete. Der Mann in dem hellblauen, weiten Gewand, dessen hellgraue Augen mich nachdenklich musterten, war niemand Geringeres als Graustein.

Ja, genau, unser Graustein vom Alten Efferdtempel. Das Sprachrohr Latas. Im Licht bronzener Öllampen erschien er mir so alt wie unsere schöne Stadt selbst. Sein graues, fast weißes Haar glich der Gischt. Das Leben hatte tiefe Furchen auf Stirn und Wangen gegraben, sie erinnerten an Muster im Schlick. Die Farbe seiner Augen lag irgendwo zwischen grau und blau, wie der Himmel an einem Sommermorgen. Kein Zweifel, die Legende selbst saß vor mir. Ich weiß nicht mehr, was mir alles durch den Kopf ging, aber ein Gedanke beinhaltete unsere monatliche Spende an die Kirche und ob ich sie womöglich wegen der Beerdigung vergessen hatte. Mein nächster Gedanke war jedoch, dass der große Graustein sich wegen einer so banalen Geldangelegenheit doch nicht persönlich an mich wenden würde.

Ich lag richtig. Es ging nicht um die Spende, und ich hatte sie auch nicht vergessen. Die Angelegenheit war viel ernster. Ich ließ mir Tee kommen, den ich, um mich zu beruhigen, viel zu heiß trank und nicht einmal ansatzweise so genießen konnte, wie es das Getränk verdient

hätte. Seine Hochwürden erging sich zunächst in einigen Andeutungen und ließ mich warten. Dann schließlich, als mir langsam die Floskeln ausgingen, kam er auf den eigentlichen Grund der Einladung zu sprechen. Ihm war Jaemeshs Verschwinden zu Ohren gekommen.

Nun ja. So lange, wie diese Suche nun schon andauert, war es wohl nur eine Frage der Zeit, dass irgendjemand davon erfährt. Und wenn ich es mir aussuchen kann, ist mir die Kirche des Herrn Efferd tausendmal lieber als die Fanfare. Aber es kam noch dicker. Jedes Mal, wenn ich glaube, dass ich gerade das Schlimmste über Jaemesh erfahren habe, kommt das Schicksal und setzt noch einen drauf. In diesem Fall die Warnung seiner Hochwürden, dass der Junge sich mit einem häretischen Kult eingelassen habe, der die Kirche des Launischen untergraben will.

Ich orderte Kaktusschnaps. Ich halte zwar nicht viel davon, bereits mittags zu trinken, aber in diesem Augenblick brauchte ich einen Kurzen. Ich fühlte mich weniger schlecht, als Graustein auch ein Gläschen leerte. Dann sah er mir tief in die Augen, und ich war in diesem Moment sicher, dass sie nicht nur bis auf den Grund des Meeres, sondern auch in meine Seele blicken konnten. Ich hörte mich sagen, dass ich alles in meiner Macht Stehende tun würde, um die Kirche zu unterstützen. Zufrieden lehnte er sich zurück. Im warmen Licht schienen seine hellen Augen zu funkeln wie das Meer im Sonnenlicht. Die Öllampen ver-

breiteten einen angenehmen Duft, wahrscheinlich waren Kräuter beigemischt. Seine Hochwürden nickte mir zu. Dann versprach er mir, die Angelegenheit mit Diskretion zu behandeln, da ein fauler Fisch nicht gleich den ganzen Fang ruinieren müsse.

Deswegen habe er mich auch persönlich sprechen wollen, da wir Saordubhs schließlich treue Gläubige seien. Er sicherte mir Hilfe bei der Suche nach dem Jungen zu. Seine ruhige Art zu sprechen erfüllte mich mit Zuversicht und Vertrauen. Das konnte ich nach diesen Nachrichten auch wahrlich gut brauchen.

Ich versprach Graustein, beim alten Tempel vorstellig zu werden, sobald ich etwas Neues wusste, und ihm zudem alles mitzuteilen, was ich über den Kult in Erfahrung bringen konnte, in dessen Fänge Jaemesh geraten war. Wir verabschiedeten uns einvernehmlich. Nach diesem denkwürdigen Mittagsmahl ging ich schnellen Schrittes nach Hause.

Dort hoffte ich, meine beiden Spezialisten mit neuen Hinweisen zu finden, doch es kam niemand. Erst spät am Abend tauchte ein Advocatus bei mir auf. Er erklärte mir umständlich, wie die Rechtsverdreher so sind, dass Lynn zu seinen Kunden gehöre und sie ihn gebeten habe, mich zu kontaktieren, damit sie und Meredin aus dem Gefängnis freikämen. Die beiden sitzen nämlich in der Nalleshofwache wegen Trunkenheit und Anzettelns einer

Schlägerei ein. Ich werde gleich morgen früh bei Hauptfrau Delvenstein vorstellig. Ich wünschte, Du wärest jetzt hier, um mir zu sagen, wo wir die Flaschen mit dem guten Raschtulswaller aufbewahren, die Rhys uns von seiner Reise in die Tulamidenlande mitgebracht hat. Ein paar Flaschen und meine Überzeugungskraft sollten das Problem regeln können. Dieser Tage komme ich in der Stadt herum wie ein Nachtwächter, und ich würde lügen, wenn ich behaupten würde, dass mir die Informationen seiner Hochwürden nicht wie ein Stein im Magen lägen. Aber, wie heißt es so schön, wer mit dem Wind hinaussegelt, muss zurück lange kreuzen. Efferds Segen immer mit Dir!

In Liebe, Dein Coran.

Aus den geheimen Memoiren des Glücksritters und Weltenbummlers Meredin Inveric

Man muss der Stadtgarde lassen, dass sie keine halben Sachen machen. Sie steckten einfach alle Gäste des Schipperkrugs in die Ausnüchterungszelle. Wer viel zur See fährt, lernt schnell, dass es dort draußen machtvolle Gewalten gibt, gegen die man sich kaum zur Wehr setzen kann. Wenn die wilde Katla tanzt, kann man nur die Segel einziehen und beten, dass die Götter Erbarmen haben. Na-

türlich kann eine geschulte Mannschaft einiges bewirken, um das Boot vorm Kentern zu retten, aber schlussendlich entscheidet der Unergründliche allein, ob er dich in sein nasses Reich holt. So ähnlich ergeht es einem auch, wenn die Büttel einen Streit schlichten. Man kann sich wehren und Prügel abholen, oder man lässt sich treiben und hält den Kopf unten, bis der Sturm abflaut.
So landeten Lynn und ich zusammen mit einem guten Dutzend Seeleute in der Ausnüchterungszelle. Zum Glück hatten die Thorwaler bis zum Ende Rabatz gemacht und saßen in der ungemütlichsten Zelle ein, wo seit Jahrzehnten angeblich keiner den Rattenkot wegräumt hat und der Gestank der Kanalisation heraufdringt. Denn die Wache nimmt es übel, wenn man einen der ihren dienstunfähig schlägt. Ob das mit der Kanalisation nun stimmt oder nicht, sie haben auf jeden Fall immer ein paar ganze spezielle Zimmer für Gäste, die nach Ärger schreien. Für den Rest der Leute aus dem Schipperkrug war das ein großer Vorteil. So blieb es bei der Runde Prügel, die bereits ausgeteilt war, und niemand schrie nach einer Wiederholung. Einige schliefen lautstark ihren Rausch aus. Bei den anderen hatte Letzterer seit der Festnahme größtenteils nachgelassen.
Die Büttel ließen uns noch einige Augenblicke im eigenen Saft schmoren, dann zogen sie alle, die noch halbwegs in der Lage waren, eine Aussage zu machen, zum Verhör he-

ran. Sie hatten nicht viele Leute zu befragen. Lynn war die Rolle der besorgten und beleidigten Bürgerin wie auf den Leib geschneidert. Sie tätigte ihre Aussage so lautstark, dass ich von Zeit zu Zeit ihre Stimme den Flur herab hören konnte und ihr die halbe Wache unfreiwillig, aber amüsiert zuhörte.

Ich nutzte indessen den Moment, um eine eigene Befragung durchzuführen. Ich stiefelte nervös in der Zelle auf und ab, schließlich setzte ich mich wie zufällig neben die schöne Rodina. Als ich ihr zuzwinkerte, witterte sie sofort die Gelegenheit, die Einnahmen der Nacht, die sie schon abgeschrieben hatte, doch noch hereinzuholen. Ihr Lächeln war süßer als Honig, die rückte näher und gewährte mir einen tiefen Einblick in ihr wohlgefülltes Dekolletee. Ein starker Duft von Jasmin hüllte mich ein, und ich begann langsam zu verstehen, warum ihr Galan aus dem Schipperkrug so wenig gewillt gewesen war, seine Braut für eine Nacht zu teilen. Sie verstand sich einfach auf ihr Geschäft. Aber das tue ich auch. Ich kann Komplimente machen, die selbst eine abgebrühte Liebesdienerin noch mädchenhaft erröten lassen. Natürlich spielte auch eine Handvoll Silberstücke eine entscheidende Rolle. Nachdem ich mich ausgiebig vergewissert hatte, dass unsere Havener Mädchen sich immer noch exzellent aufs Küssen verstehen, verriet sie mir, dass sie unseren lieben Jaemesh häufig am Haus der Efferdbrüder getroffen hatte.

Dort hatte er sich regelmäßig mit einem Seemann getroffen. Leider kannte sie den Seemann nicht näher. Sie erinnerte sich lediglich an sein breites Kreuz und seinen dichten, schwarzen Bart.

Der Kostverächter hatte weder an ihr noch an ihren Freundinnen Interesse gehabt. Er hatte Jaemesh nie zum Feiern begleitet, und Jaemesh hatte ihn nie vorgestellt. Noch interessanter fand ich die kleine Anekdote, dass Jaemesh ihr einmal von der Blauen Frau erzählt hatte. Dort hatte er wohl ein Artefakt erstanden. Phexsei-Dank scheint der junge Saordubh zu den Leuten zu gehören, die ein Geheimnis nicht für sich behalten können, sondern geradezu zwanghaft damit prahlen müssen. Einzelheiten hatte er dann allerdings doch nicht preisgegeben. Rodina ließ durchblicken, dass sie ihn für einen Angeber hielt.

Beide Spuren waren wie Abdrücke im Sand, die von der Flut längst überspült worden waren. Denn einen Seemann, dessen Namen man noch nicht einmal kannte, am Haus der Efferdbrüder zu suchen, ist etwa so sinnvoll, wie eine bestimmte Welle im Meer zu suchen. Die Bori-Shan, die sogenannte Blaue Frau, so heißt es, kann man nicht finden, sie findet einen. Dennoch, für diese Information holte uns Coran sicher am nächsten Morgen aus dem Knast, nicht jedoch, ohne uns seinen Unmut über unsere Ermittlungsmethoden kundzutun.

Wie ich es vermutet hatte, versöhnte ihn der Hinweis auf die Blaue Frau ein wenig. Gemeinsam liefen wir durch die nimmermüden Gassen des Nalleshofs. Unsere Schritte klapperten über das Pflaster, während dichter Nebel durch die Gassen wallte und beinahe darüber hinweg täuschte, dass über uns der nächste Tag längst angebrochen war.

An Meriwen Saordubh, Honingen 9. Peraine 1040 BF

Mein lieber Schatz,

die Suche nach Jaemesh dauert nun schon vier Tage an. Inzwischen weiß ich, dass er wohl mit der Blauen Frau zu tun hatte, und mit einem Seemann vom Haus der Efferdbrüder. Doch alles, was wir über den wissen, ist, dass er einen schwarzen Bart hatte. Meredin meint, dass es sich dabei auch um eine Verkleidung gehandelt haben kann. Also wissen wir im Grunde gar nichts.

Nachdem ich meine beiden glorreichen Ermittler heute Morgen vom Trockendock geholt habe – ich habe sie dafür als Hausangestellte ausgegeben – und sie mir lediglich diese dürftigen Nachrichten brachten, musste ich mir wohl oder übel eingestehen, dass Jaemeshs Spuren im Sande verlaufen waren. Vielleicht, so fragte ich mich, hätte ich gleich die Wache rufen sollen. Aber ob die Garde mehr erreicht hätte? Ich vermochte es nicht zu sagen.

Ich merkte, dass ich dabei war, den Mut zu verlieren, und meine Begleiter, noch erschöpft von ihren nächtlichen Eskapaden, ebenfalls. Ich kenne diese Situation noch von den Tagen auf hoher See, wenn die Matrosen nur noch an den nächsten Hafen denken können und die Eintönigkeit des Horizonts und des Essens allen aufs Gemüt schlägt. Doch es gibt ein geflügeltes Wort in der Marine. „Wenn nicht einmal Schnaps dir noch helfen kann, dann bete, denn es geht um nichts Geringeres als deine Seele". Ich vermeine, es geht auf den Großadmiral Sanin XII. zurück, aber so genau weiß es keiner mehr. Getreu dieser Weisheit nahm ich meine trinkfreudigen Freunde mit mir zum Alten Efferdtempel, wo wir dem Unbändigen unsere Aufwartung machten und neue Kraft im Gebet suchten. Schon allein der Anblick des Delfinportals gab mir Hoffnung zurück.

Die breiten Marmorstufen, die uralten Reliefs, das türkisblaue Glimmen der Gwen Petryl, das geheimnisvoll aus dem Inneren des Tempels leuchtete – all das schenkte mir inneren Frieden. Die Frühmesse für die Fischer war schon vorbei, und im Tempel herrschte morgendliche Ruhe. Ich kniete vor der Statue des Herrn der Gezeiten.

Obwohl ich den Tempel der Altstadt ebenso gut kenne wie das Haus der göttlichen Woge, konnte ich mich nicht an den filigranen Fresken und Mosaiken sattsehen, die unseren Herrn und sein buntes Gefolge zeigen.

Sie erinnerten mich immer wieder daran, wie klein der Mensch ist und wie weit die See.

Und wie so oft schien es mir, als nähmen die zahllosen Meerwesen meine Sorgen mit sich und trügen sie hinaus in ein fernes Reich, wo sich alles in Wasser auflöst. Ich erhaschte auch einen Blick auf den alten Graustein, als er aus dem Allerheiligsten trat, um kurz mit einer kränklich erscheinenden Novizin zu sprechen. Er nickte mir zu und ich glaubte, Zufriedenheit in seinem Blick zu erkennen. Ich hätte noch Stunden dort bleiben können, doch ich bezahle meine beiden Vagabunden schließlich nicht nur für Tempelbesuche.

Also lud ich die beiden zum Frühstück in ein kleines Gasthaus in Unterfluren ein. Zum bunten Becher. Du kennst es. Es ist das unscheinbare Häuschen in der Glasbläsergasse. Wir sind dort früher immer hingegangen, wenn wir eine Nacht durchtanzt hatten, weil es da so schön ruhig ist. Sie bieten auch jetzt noch ein deftiges Frühstück mit Salzarelenrührei, Muschelsuppe und einer kalten Platte vom Besten, was der Große Fluss zu bieten hat.

Der Fisch und vielleicht auch das Gebet kurierten die schnapsschweren Köpfe meiner Begleiter ein wenig, und siehe da, sie warteten sogar mit neuen Ideen auf. Ich bin inzwischen skeptisch, bisher hat noch keiner ihrer Vorschläge den ersehnten Erfolg gebracht.

Aber Du kennst mich, was ich angefangen habe, führe ich zu Ende. Also lauschte ich den beiden aufmerksam. Wir kamen schnell überein, dass der Seemann vorerst eine Sackgasse darstellt, und wir keine weiteren Ressourcen auf eine derart vage Beschreibung verschwenden würden. Die Blaue Frau hingegen ist eine andere Geschichte. Aber wie soll man jemanden finden, der angeblich aus dem Nichts auftaucht und ebenso mysteriös wieder verschwindet? Weder hat sie einen bekannten Wohnsitz, noch einen festen Stand oder jemanden, der für sie spricht. Und doch wird sie so oft in der Stadt gesehen, dass es uns nicht unmöglich schien, die Frau mit der weißen Haut und den blauen Gewändern zu treffen.

Doch die Bori-Shan ist wie die Flut. Sie kommt und geht. Lynn, die Frau mit den unzähligen Verbindungen, glaubt, jemanden zu kennen, der helfen könnte. Eine Kennerin der Unterstadt namens Branwen. Ich hatte bis dato höchstens einmal vage Gerüchte über die sogenannte Hexe der Unterstadt gehört, aber Lynn beteuerte mir, dass sie existiert und angeblich Verbindungen zur Feenwelt habe. Nach allem, was mir zu Ohren gekommen ist, soll sie zwar ein gefährliches Zauberweib sein, aber Du weißt auch, wie die Leute reden und alles, was sie nicht kennen oder unheimlich finden, der Magie bezichtigen. Daher will ich mich nicht gleich aufregen. Ich weiß schließlich, dass der Medicus mir das verboten hat.

Du siehst, abgesehen von den Kopfschmerzen, die mir Jaemeshs Eskapaden so oder so bereiten, achte ich auf mein körperliches Wohl. Ganz nebenbei erwähnt, durch all die Laufarbeit der letzten Tage haben meine Rückenschmerzen sogar ein wenig nachgelassen. Und Du hast bestimmt gedacht, ich würde als Strohwitwer in meinem Lehnstuhl versauern. Jedenfalls hofft Lynn, dass diese Frau in der Lage sein könnte, die Bori-Shan für uns zu finden. Ich habe Lynn daher losgeschickt, um mit dieser Branwen zu sprechen. Diesmal jedoch mit einem deutlich kleineren Handgeld. Ich warte erst einmal ab, ob sich daraus etwas Vielversprechendes ergibt. Meredin hingegen will in gänzlich anderen Gewässern fischen. Er brachte mir den Mann wieder in Erinnerung, der vor unserem Haus gestanden und es ausspioniert hatte. Dann schlug er vor, dem Verfolger, sofern er noch hinter mir her war, eine Falle zu stellen und ihn auszuquetschen wie, ich zitiere: „eine Zitronenscheibe über einer Auster".

Er war auch sicher, dass der Fremde noch in unserem Kielwasser fuhr. Angeblich hatte Meredin auf dem Weg zum und vom Tempel einen Mann erspäht, der uns in einigem Abstand folgte. Er trug eine Teerjacke, wie gefühlt jeder Zweite in Fischerort und Unterfluren. Vielleicht ist er mir darum nicht aufgefallen.

Da wir nur zwei Leute waren und keiner von uns eine ernsthafte Waffe bei sich trug, heckte Meredin einen Plan

aus, wie er sich dem Fremden nähern wollte, ohne dass wir ihn überwältigen mussten. Dazu war allerdings ein Besuch im Garether Tor nötig. Das ist diese mittelmäßige Absteige am Knüppeldamm, wo fast nur Ortsfremde unterkommen, die es nicht besser wissen. Schon wieder ein Gasthaus. Ich war nicht begeistert. Als mir Meredin seinen Plan verriet, war ich noch weniger angetan. Aber gleichzeitig hatte ich auch keine bessere Idee zu bieten, daher stimmte ich zu. Liebes – ich werde unterbrochen. Ich berichte im nächsten Brief weiter.

In Liebe, Dein Coran

Phex mit dir, Connar, wenn du das hier bekommst, bring dieses Schreiben sofort zu meinem Advocatus. Ich habe keine Zeit, ihn aufzusuchen, und hinterlasse es daher an diesem Ort für dich. Wenn du in drei Tagen nichts von mir hörst, weißt du, was du zu tun hast.

Lynn Seehoff an Advocatus Rutbert Steinhäusler, Kanzlei Steinhäusler und Dunaghan
gegeben am 9. Peraine 1040 BF

Meine vormals mehrfach erwähnte Suche führte mich am Morgen des 9. Peraine nach Fischerort. Dort hoffte ich, eine Schatzsucherin namens Branwen anzutreffen, bevor

sie mit dem Boot in die Unterstadt hinausfährt. Ich kannte ihren Vater von früher und weiß, wo sie lebt, doch hatte ich keinen Erfolg. Sie war schon unterwegs.

Um meinen Auftrag weiter verfolgen zu können, musste ich also selbst in die Unterstadt. Also borgte ich mir einen kleinen Ruderkahn aus und navigierte zwischen den Ruinen nahe des Tsatempels. Noch weiter wagte ich mich nicht hinaus. Es ist selbst bei Tageslicht so unheimlich dort draußen. Wenn man bedenkt, dass all diese kleinen Inseln Häuser waren, und dass in den Kellern wahrscheinlich immer noch die letzten Überreste der Ertrunkenen schwimmen. Zudem war es ein nebliger Morgen und die Sicht deutlich erschwert. Gischt und Brandung, was mir da alles passiert ist. Ich wurde von einem einarmigen Verrückten mit fauligen Fischköpfen beworfen, eine fette schwarze Katze hat mich angestarrt, und zwei Raben krächzten. Im nächsten Augenblick verfing sich mein Ruder an irgendetwas unter der Wasseroberfläche. Als ich es endlich herausbekam, war das Ruderblatt zersplittert und stank nach Fäulnis. Vielleicht war es zerbrochen, oder aber ... ich möchte gar nicht näher darüber nachdenken. Das war jedenfalls der Moment, in dem ich mit meinem verbliebenen Ruder zurück zum Ufer glitt.

Ich hinterließ Branwen eine Nachricht bei ihrem Haus und hoffe, dass sie sie rechtzeitig findet, um mich heute Abend im Nalleshof zu treffen. Ansonsten muss ich sie

dort auf eigene Faust suchen. Auch diese Suche findet in lauterer Absicht statt. Branwen bevorzugt die Tavernen des Nalleshofs, so heißt es jedenfalls. Ich habe damit nichts zu tun.
Ich danke den Zwölfen und vor allem dem Herrn Efferd, dass mir bis auf ein zerbrochenes Ruder in der Unterstadt nichts passiert ist. Wieso jemand freiwillig dort hinausfährt, und das auch noch fast jeden Tag, will mir nicht in den Kopf.

PS: Geschätzter Herr Steinhäusler, noch eine rechtliche Frage bezüglich der Geschäftsordnung von Ermittlungsverträgen: Meine Intuition sagt mir, dass ich die Unterstadt in diesen Tagen vielleicht nicht zum letzten Mal gesehen habe. Wie viel Nachlass vom vereinbarten Honorar darf ein Auftraggeber maximal abziehen, wenn ein Ermittler sich weigert, sich dem extremen Risiko auszusetzen, die Unterstadtruinen aufzusuchen, und wenn darüber zuvor keine Vereinbarung getroffen wurde? Gibt es hierzu schon Präzedenzfälle? Wie viel Aufschlag kann ich geltend machen, wenn ich es doch tue? Darüber würde ich gern bei meinem nächsten Besuch sprechen.

Lynn Sehoff am 9. Peraine 1040 BF

VI

Der Späher

Aus den Memoiren des Glücksritters und Weltenbummlers Meredin Inveric

Mit einem Ungeübten eine Charade zu inszenieren, birgt stets ein enormes Risiko. Aber ich war auf Coran angewiesen, und ich muss zugeben, dass ich mich auch darauf freute, dem alten Seebären mein Handwerk näher zu bringen.

Für einen reichen Schnösel ist er erschreckend gewitzt, und in einem anderen Leben hätte er vielleicht sogar einen passablen Jünger des Herrn Phex abgegeben. Die Informationen, die ich der süßen Rodina entlocken konnte, waren leider wenig hilfreich, und so hatte ich Coran endlich überreden können, sich auf seinen Schatten zu konzentrieren, der ihm auf Schritt und Tritt folgte. Dies war umso wichtiger, als sich der Kerl auf Beschattungen verstand und sogar ich ihn im Grunde nur bemerkte, weil ich nach ihm suchte. Das war nicht irgendein kleiner Beutelschneider. Da musste mehr dahinter stecken.

Eine gelungene Charade setzt immer voraus, dass man einiges über seine Zielperson weiß. Aber in den vergangenen Tagen und Nächten habe ich mich daran gewöhnt, mit minimalen Hinweisen zu arbeiten.

In diesem Fall wusste ich nur, dass der Mann Coran folgte, und das tat er vermutlich noch nicht länger als ein paar Tage. Dass er jetzt auftauchte, wo Corans Neffe ver-

schwunden ist, konnte kein Zufall sein. Zufälle sind ein Illusionstrick des Schicksals, mit dem es einen in Sicherheit wiegen will.

Wir können also davon ausgehen, dass dieser Kerl von Jaemeshs dunklen Geschäften und vielleicht auch seinem Verschwinden weiß. Dieses Wissen war alles, was ich brauchte. Möglicherweise tat auch ein gewisser Schlafentzug, der sich mittlerweile eingestellt hatte, das Übrige, aber ich wollte endlich Ergebnisse. Coran musste es ähnlich gehen, wahrscheinlich ließ er sich nur deshalb auf meinen Plan ein.

Die Bühne für unsere improvisierte Inszenierung war schon beinahe bereitet, wir mussten nur ein paar Schritte gehen, bis wir das Garether Tor erreichten. Zunächst ging nur ich. Zielstrebig steuerte ich die Taverne an, die wenig originell den Namen des Stadttors trug. Dort suchte ich nach einer Bekanntschaft von früher. Und ich fand sie auch. Die reizende Safiriel. An der Theke.

Sie hatte durchaus nicht die Absicht, mit der Trinkerei bis zum Abend zu warten. Ich erinnerte mich noch gut an einige gemeinsame wilde Nächte im Nalleshof, und es freute mich zu sehen, dass die Jahre, die sie nun schon in Havena mit zu vielen Männern und zu viel Alkohol auf angenehme Weise verstreichen ließ, sie nicht so stark gezeichnet hatten, wie ich erwartet hatte. Bis auf eine gewisse Leibesfülle, die ihrer Attraktivität aber eigentlich

keinen Abbruch tat. Natürlich merkte man ihr das Alter langsam an, aber nicht halb so sehr, wie es der Fall sein müsste. Halbelfen haben's gut. Ich werde in einigen Jahren teure Salben, Leibesertüchtigungen und Verjüngungskuren brauchen, um meinen göttergegebenen Charme zu erhalten.

Wir tranken ein Bier auf die Wiedersehensfreude. Und dann noch eins. Selbstverständlich zahlte ich. Wenn diese Suche noch länger andauert, werde ich noch zum Säufer. Den Tag mit Bier beginnen – das habe ich seit der Marinezeit nicht mehr gemacht. Natürlich bevorzuge ich Wein. Aber den, den das Garether Tor zu bieten hat, trinkt man besser nicht. Nach dem zweiten Bier weihte ich meine alte Freundin kurz in meinen Plan ein. Sie stimmte zu, mir zu helfen. Besonders, weil das beinhaltete, dass ich ihr einen leidenschaftlichen Kuss auf die Lippen drückte. In diesem Augenblick tauchte Coran auf der Bildfläche auf.

Sein Gesicht verfinsterte sich, kaum dass er mich erblickte. Wütend stapfte er auf mich zu. Dann knallte er mir einen klimpernden Lederbeutel auf den Tisch. Der Beutel war viel zu knapp gefüllt für meinen Geschmack. Dann schnauzte er mich an, wie damals der erste Maat auf unserer Fregatte. Dass ich mich schämen solle, ständig meine Zeit zu vertrödeln, anstatt meinem Auftrag nachzukommen. Dass er mich erst gestern habe von der Wache abholen müssen und ich nun schon wieder bei

Bier und Dirnen hockte. Dann erklärte er mir noch, dass dies meine letzte Heuer sei und er mir nun den Laufpass gäbe. Ich sagte ihm unverblümt, wohin er sich seine magere Heuer schieben könnte. Bisher war ich schließlich überhaupt noch nicht anständig bezahlt worden, und mit den lumpigen Silberstücken konnte er einen Mann wie mich nicht abspeisen.

Und überhaupt, sowas hatte ich mir nicht bieten zu lassen. Ich kündigte. Er betonte, dass er mich gekündigt hatte. Ein Patrizier musste eben immer das letzte Wort haben. Ich verzichtete auf Worte, doch meine Geste war eindeutig. Coran lief rot an. Jeder im Raum sah, dass er sich mühevoll beherrschte. Er schlug noch einmal mit der Faust so lautstark auf den Tresen, dass selbst die Leute einen Tisch weiter zusammenzuckten und die zum Haus gehörige Katze beinahe von ihrem Kissen vor dem Kamin fiel.

Dann nahm er seinen Beutel zurück und rauschte hinaus wie ein Kaventsmann durch das Hafenbecken. Das machte die darauffolgende Stille umso denkwürdiger. Alle im Raum starrten mich an. Sogar der Neuankömmling, der während unseres Streits hereingekommen war.

Ich zuckte die Schultern und orderte eine Saalrunde auf meine neugewonnene Freiheit. Das versöhnte die Allgemeinheit wieder.

Ich tat das, was man tut, wenn man gerade im Streit eine Anstellung verloren hatte, ich klagte Safiriel mein Leid

über meinen ehemaligen Arbeitgeber. Sie war äußerst verständnisvoll. Ich fand Trost und murmelte Racheschwüre gegen den alten Saordubh in ihren Busen. Bis einer der Gäste, jener, der so spät gekommen war, sich neben mir räusperte. Als ich aufsah, bedankte er sich mit einer stummen Geste für das Freibier. Ich winkte ab, richtete mich auf und erinnerte mich daran, dass ich so etwas wie Haltung besaß. Nur kurz, denn schon im nächsten Moment hingen wir drei zusammen an der Theke über unsere Bierkrüge gebeugt und beklagten die Unzulänglichkeiten der Welt. Schnell merkte ich, dass der Fremde mich über Coran aushorchen wollte.

Ich erzählte ihm einiges, vor allem, dass ein anständiger Leibdiener wie ich heutzutage kaum noch eine ordentliche Herrschaft fand. Die Sitten hatten nachgelassen. Safiriel und der Fremde musterten mich amüsiert. Dann prosteten mir beide ihr Einverständnis zu. Inzwischen nutzte ich die Gelegenheit, den Fremden genau zu studieren. Nun war ich mir sicher, dass es derselbe Mann war, den ich vor Corans Haus gesehen hatte. Er hatte dunkles Haar, war gut rasiert. Seine Gesichtszüge waren eher schmal, obwohl er breit gebaut war, die Haut eine Spur dunkler als die der meisten Albernier. Ich merkte mir kleine Erkennungszeichen, wie die blasse Narbe unter dem linken Auge, und dass sein rechtes Ohr ein klein wenig mehr abstand als das linke. Solche kleinen Makel, die kaum auffallen, hat fast

jeder Mensch, aber einige lassen sich nur schwer durch Verkleidung verbergen. Merkt man sie sich, ist es leichter, jemanden trotz verändertem Haar, Bart oder Hautton wiederzuerkennen. Auch der Gang ist für gewöhnlich so ein Merkmal, wobei ein geübter Schauspieler diesen natürlich nach Belieben verändern kann.

Einmal, als der Fremde zu seinem Bier griff, rutschte der Ärmel seiner Jacke hoch. So erhaschte ich einen kurzen Blick auf eine kleine Tätowierung an der Innenseite seines Unterarms. Sie zeigte einen Rochen. Auch Safiriel stellte Fragen, und ihrem zauberhaften Lächeln gelang es nach einer halben Stunde und mehreren Runden Schnaps, aus

dem Fremden herauszulocken, dass er mit den Saordubhs auch schon seine Erfahrungen gemacht hatte.
Er wurde plötzlich ganz zutraulich gegenüber meiner halbelfischen Freundin und berichtete ihr auf Nachfrage von Jaemesh. Mich sah er ein wenig misstrauisch an, aber als sie ihm versicherte, dass er alles ganz freimütig erzählen könne, da er ja unter Freunden sei, wurde er tatsächlich redselig. Mit Jaemesh sei er an einer Sache dran gewesen. Gemeinsam hätten sie in der Unterstadt einen Schatz gesucht.
Er habe schon länger gewusst, wo der Schatz läge. Aber erst nachdem Jaemesh einen Schlüssel an sich gebracht habe, der alle Schlösser öffnen könne, da seien sie mit ihrem Plan, den Schatz zu bergen, vorangekommen.
Er schwor, dass er Jaemesh vor einigen Tagen in die Unterstadt begleitet habe und der mithilfe eines Elixiers, das ihm das Atmen unter Wasser ermöglicht habe, hinabgetaucht sei. Eigentlich sei es keine große Sache gewesen, da sie genau über dem Schatzhort gewesen seien. Doch dann sei Jaemesh nicht mehr zurückgekommen. Bei Einbruch der Dunkelheit sei er dann nach Havena zurückgerudert. Zuerst habe er etwas Schlimmes befürchtet, doch dann am nächsten Tag sei ihm der Gedanke gekommen, dass Jaemesh sich einfach mit der Beute abgesetzt hatte. Also habe er den Onkel beschattet, in der Hoffnung, etwas über Jaemesh zu erfahren.

Der Kerl wurde immer gesprächiger, wie jemand, der dankbar war, sich endlich seinen Frust von der Seele zu reden. Ich fand seine Geschichte von dem einsamen Tauchgang dennoch, der Leser möge mir das Wortspiel vergeben, fischig. Wenn ihm der Schatz so wichtig war, warum schickte er Jaemesh dann allein herunter? Und weshalb, bei all den Gefahren der Unterstadt, ging er davon aus, dass Jaemesh ihn betrog, anstatt anzunehmen, dass ihm eben doch etwas zugestoßen sein mochte? Und was, beim Listenreichen, sollte bitte ein Schlüssel sein, der alle Schlösser öffnet? Wenn es so einen Dietrich gäbe, dann wüsste ich das aber. Immerhin war ich einigermaßen sicher, dass irgendetwas an der Geschichte stimmte, wenngleich mir ein schwaches Kribbeln in meinem Bauch sagte, dass er trotz aller Leutseligkeit einen Teil der Zusammenhänge verschwieg. Letzteres konnte natürlich auch an unserem Frühschoppen liegen.

Irgendwann entschuldigte sich Safiriel, um sich frisch zu machen. Gleich darauf musste ich dringend aufs Abort. Wir trafen uns hinter der Herberge. So eine Elfe, die einen Bannbaladin beherrschte und dafür einen dubiosen Freibrief Fürst Halmans besaß, war mit Gold nicht zu bezahlen. Aber mit Silber. Lächelnd steckte sie die Münzen ein. Manchmal kann Magie sehr praktisch sein. Ein kleiner Freundschaftszauber kann so viel effektiver wirken als jede Folter beim Verhör. Da erfährt man eh nur, was

man hören will. Hier war ich sicher, dass ich eine Form der Wahrheit erfahren hatte. Vielleicht war diese Wahrheit nur noch nicht ganz vollständig. Auf meinen Reisen habe ich im Unterschied zu vielen meiner hier verwurzelten Landsleute so manchen Zauberspruch zu schätzen gelernt. Nur Illusionisten mag ich nicht leiden. Die ruinieren anständigen Betrügern wie mir die Zunft. Sie glauben, ein Fingerschnippen würde Tage und Wochen der Vorbereitung ersetzen. Dabei sind das doch auch alles nur bessere Jahrmarktstricks. In der Hinsicht gefällt es mir in Havena ausgezeichnet. Dank des strengen Magieverbots ist die magische Konkurrenz sehr begrenzt. Nicht, dass ich den Vergleich scheue. Ich habe mich auch schon in

Grangor bewährt und selbst ein paar angeblich so großartige Illusionsmagier an der Nase herumgeführt. Aber das ist eine andere Geschichte für ein anderes Buch. Da ich sicher war, dass Safiriel ihm alles entlockt hatte, was ein Freundschaftszauber aus ihm herausbringen konnte, ließ ich keine Zeit mehr verstreichen. Ich traf mich mit Coran. Kaum war ich mit meinem Bericht fertig, hatte er es plötzlich sehr eilig, wieder nach Fischerort zu kommen. Und er wirkte besorgt.

Dieser Mann beschwert sich, dass ich ständig nur in Tavernen herumsäße, dabei scheint er bei jeder Gelegenheit in den Alten Efferdtempel zu rennen. Jedenfalls an diesem Tag. Ich würde mich durchaus als frommen Gläubigen sehen, aber man kann es mit der Frömmigkeit auch übertreiben. Jedenfalls befürchtete ich das für einen Augenblick. Doch als Coran nach einem kurzen Gebet mit einer Geweihten sprach und dann im Allerheiligsten verschwand, ahnte ich, dass der alte Saordubh nicht nur zum Beten hergekommen war.

Er ließ sich Zeit und mich warten. Da mir nichts ferner lag, als irgendwo müßig herumzustehen, beschloss ich, mir den Efferdplatz näher anzuschauen. Devotionalienhändler hatten zu Füßen des Tempels kleine Stände errichtet, wo sie vorwiegend Schutzamulette für Seeleute verkauften. Oder solche, die bösen Feenzauber abhalten konnten. Wieder andere sollten Magie im Allgemeinen

abwehren. Einige hatten auch Andenken aus Havena im Angebot, wie beispielsweise kleine Holzschnitzereien des Wappens der Havena Bullen oder Kohlezeichnungen von den Gassen des Nalleshofs.

Hier auf dem geschäftigen Efferdplatz und dem gleich dahinter gelegenen, noch geschäftigeren Fischmarkt merkt man kaum, dass Fischerort eigentlich ein langweiliges Kaff ist, das größtenteils aus winzigen Fischerkaten und kleinen Gassen besteht, wo bei gutem Wetter die alten Leute sockenstopfend an den Fenstern hocken und in einem Dialekt reden, den selbst ein Havener Bursche wie ich nur mühsam versteht.

Auf dem Fischmarkt hingegen trifft sich die halbe Stadt. Die Bediensteten der Oberflurer, die ihr Näschen so hoch tragen, als färbe der Reichtum ihrer Herrschaft auf sie ab. Verkaterte Seeleute aus dem Nalleshof, die bei Fisch und Salzgurke den Kopf wieder freikriegen wollen. Die Köche der Tavernen.

Die Familienväter und Mütter, die auf ein Schnäppchen fürs Abendessen hoffen. Dutzende hungriger Streunertiere und eine Armada noch hungrigerer Möwen, die mit ihrem Gekreisch sogar die schwatzhaftesten Knechte und Mägde und beinahe auch die Marktschreier übertönten. Dazwischen die Fischer mit ihren frisch ausgenommenen Waren. Der Geruch von Grillfeuern und Räuchereien in den Hinterhöfen. Das alles ist der Fischmarkt.

Auf dem Markt haben es die wenigsten eilig, daher findet man leicht jemanden zum Schwatz. Ich beschloss, mir zumindest einen kurzen Bummel und vielleicht ein Schüsselchen frisch gegarter Elidamuscheln in Kräutersoße zu gönnen, um mir das Warten auf Coran zu versüßen. Eine Schüssel mit frischgekochten Muscheln in der einen und einen Becher warmen Gewürzweins in der anderen Hand schlenderte ich auf der Suche nach einem freien Stehtisch zwischen den Ständen umher, da hörte ich unvermittelt eine klare Stimme singen.

Im nächsten Augenblick erkannte ich am Rande des Markts eine gänzlich in Blau und Weiß gekleidete Gestalt. Im ersten Augenblick hielt ich sie für eine Geweihte des Launischen, da trafen sich über die Menge hinweg unsere Blicke. Eine blaue Kappe, eng wie eine zweite Haut. Das Antlitz weiß wie Milch, die Augen dunkel wie der Meeresgrund. Kein Zweifel, ich hatte die Bori-Shan gefunden. Eilig schob ich mich durch die Menge, um sie nur ja nicht aus den Augen zu verlieren. Ohne genau zu wissen, warum, fürchtete ich, dass die Blaue Frau sonst einfach verschwinden könnte.

Als ich schließlich vor ihr stand, überraschte es mich beinahe, dass sie normal groß war. Ich weiß nicht, was ich erwartet hatte. Vielleicht etwas weniger Menschliches, wobei ihre weiße Haut und die Augen tatsächlich nicht von dieser Welt sind. Dass sie keine Augenbrauen besaß,

ließ ihr Gesicht seltsam konturlos erscheinen, womöglich ist deshalb die Macht ihres Blickes so groß. Denn die dunklen Augen stechen als einziges Merkmal hervor. Und sie schienen mich zu ergründen, als könne die Blaue Frau in meine Seele hinabtauchen. Ich verneigte mich. Dabei fiel mein Blick auf das Tuch zu ihren Füßen. Seltsame Gegenstände lagen darauf ausgebreitet. Fast alle schienen Treibgut zu sein. Ein Stück Tau, an dem noch Muscheln klebten, eine Statue aus Marmor, ein edelsteinbesetzter Dolch, dessen Schneide jedoch vom Salzwasser stumpf war. Eine dunkel angelaufene Silberkrone, ein einfacher Tonbecher, eine bunte Perlenkette, verschiedene Amulette und ein modrig erscheinendes Holzkistchen.

Das Holzkistchen weckte meine Neugier. Ich merkte erst, dass ich mich hingekauert hatte und bereits im Begriff war, nach dem Kästchen zu greifen, als die Bori-Shan meinen Namen aussprach. Verwundert sah ich auf. Sie schüttelte schweigend den Kopf. Der Bann, den das Kästchen auf mich ausgeübt hatte, verschwand. Ihre Lippen bewegten sich, und ich hörte auch einen Laut, doch ihre Stimme schien auch in meinem Inneren zu erklingen. „Dein Gut wartet bereits auf dich." Sie zeigte keine Regung.

Ich besann mich wieder auf meine Manieren. Lächelnd bot ich der Geheimnisvollen etwas von meinem Wein an. Sie schüttelte den Kopf. Doch für einen Moment glaubte ich, einen Hauch von Überraschung in ihren Augen zu

sehen. „Der, den du suchst“, fuhr sie fort, „ist mit dem, was ich ihm gab, in die Unterstadt gegangen. Suche nach dem Haus der Seeschlange.“ Damit war die Geschichte des Fremden zumindest in Teilen bestätigt. Ich konnte mir ein Seufzen nicht verkneifen. „Lohnt es sich noch, nach ihm zu suchen?“

Die Bori-Shan neigte das Kinn. „Dass ausgerechnet du mich das fragst, Meredin Inveric.“ Nachdenklich musterte sie mich. „Bist du nicht dein Leben lang ein Suchender?“

Ich grinste schief und erklärte, dass ich eigentlich wissen wollte, ob wir Corans Neffen noch lebend finden würden. Daraufhin summte sie melodisch und seltsam verlockend vor sich hin. Ihre Mundwinkel hoben sich. Vielleicht bildete ich mir Letzteres auch nur ein. Unvermittelt nickte sie mir zu. „Es wird Zeit.“

In diesem Moment stürmte ein Hund an mir vorbei, einen Fisch im Maul. Zwei Kinder folgten ihm auf dem Fuße. Eins trug eine Angelrute, das andere einen Eimer. Sie schrien nach dem Hund, wohl in der Hoffnung, dass er vielleicht beim zwanzigsten Mal doch hörte. Als ich mich wieder auf die Bori-Shan konzentrierte, war dort, wo sie gestanden hatte, nur noch das leere Straßenpflaster. Sie und ihr Tuch und die Kleinode waren fort, als hätte es sie nie gegeben. Zurück beim Efferdtempel fand ich Coran in Begleitung einer Efferdgeweihten. Sie war nicht mehr ganz jung, aber ihre über das ganze Gesicht verteilten

Sommersprossen verliehen ihr einen jugendlichen Zug. Ihr rotbraunes Haar erinnerte an Tonerde, ihr halb zurückhaltendes, halb verschmitztes Lächeln an die große Schwester, die ich nie hatte. Coran schien bereits auf mich gewartet zu haben, und jemand wie er ist es wohl nicht gewohnt, zu warten. Bevor er jedoch zu einer Strafpredigt ansetzen konnte, berichtete ich ihm von meiner Begegnung mit der Bori-Shan.

Coran schien nicht recht bei der Sache. Er quittierte meinen Rapport mit einem Nicken und einem halbgaren Lob, dann wollte er mehr über den Fremden wissen. Er fragte mich, ob ich wirklich sicher sei, dass die Tätowierung des Fremden ein Rochen gewesen sei. Als ich bejahte, tauschten er und die Geweihte einen bedeutungsschwangeren Blick. Dann stellte er mir die Geweihte als Ihre Gnaden Gilia vor und eröffnete mir, dass uns die Frau auf einen Tauchgang in den Ruinen begleiten würde.

Anscheinend hielt er es schon für eine ausgemachte Sache, dass wir tatsächlich in die Unterstadt gehen würden. Es war zugegebenermaßen beeindruckend, dass er es irgendwie geschafft hatte, dafür eine Geweihte zu rekrutieren, aber ich legte ihm dennoch so vorsichtig wie möglich nahe, dass für diese Arbeit ein erfahrener Abenteurer geeigneter sei als ich, Lynn oder er selbst. Der alte Mann schmunzelte und legte eine Hand an seinen Rücken. Er versicherte mir, dass er sich durchaus nicht überschätzte

und nicht vorhatte, mit auf den gefährlichen Ausflug zu kommen. Bei mir und Lynn hatte er weniger Bedenken. Wir seien schließlich noch jung und erfinderisch, sagte er. Außerdem gäbe es wenig Anlass zur Sorge, da wir doch Ihre Gnaden an unserer Seite hätten. Die Geweihte lächelte still in sich hinein. Die Art, wie sie mich musterte, ärgerte mich ein wenig. Sagen wir, sie ärgerte mich genug, dass ich dem Plan schließlich zustimmte. Es mag nicht klug sein, aber der Gedanke, vor einer hübschen Frau als feige Sprotte dazustehen, behagt mir nicht sonderlich. Auf meine Frage, ob wir uns nicht eventuell noch weitere Unterstützung erfahrener Seeleute holen wollten, tauschten Coran und Ihre Gnaden einen weiteren langen Blick. Der alte Kapitän verneinte schließlich mit der Begründung, dass er da nicht noch weitere Leute hineinziehen wolle. Die Familienangelegenheit sei pikant genug.

Ich tröstete mich damit, dass mir die Bori-Shan durch die Blume fast schon den Auftrag erteilt hatte, in die Unterstadt zu gehen. Dann wiederum erinnerte ich mich daran, dass halb Havena überzeugt war, dass ihre Güter nur Unglück brächten. Ob das auch für ihre Worte galt? Ich beruhigte mich mit dem Gedanken, dass sie mir zumindest nichts hatte verkaufen wollen.

Als Coran mich fragte, wo wir denn nun eigentlich Lynn finden konnten, schien es beinahe, als hätte meine teure Freundin einen Trick der Blauen Frau gelernt. Sie kam

geradewegs auf uns zu. Bei der ersten Erwähnung der Unterstadt verzog sie das Gesicht. Ähnlich wie ich machte sie einen Versuch, sich herauszureden und ihre Teilnahme am Tauchgang abzuwenden. Aber schlussendlich lockte Coran sie mit einer geradezu fürstlichen Summe, wenn sie seinen Neffen fand, und wenn etwas noch stärker ist als Lynns Selbsterhaltungstrieb, dann ihre Geldgier. Dass wir eine Geweihte dabei hatten, beruhigte sie sichtlich. Sie bestand allerdings darauf, dass wir uns von einer Lotsin an die Stelle bringen ließen, wo Jaemesh verschwunden war. Auch Ihre Gnaden hielt das für eine gute Idee, und mehr brauchte es nicht, um auch Coran davon zu überzeugen.

Überraschenderweise verkündete Lynn, dass sie bereits mit einer vertrauenswürdigen Person Kontakt aufgenommen habe. Man müsse sie nur finden. Der Treffpunkt war, wie könnte es anders sein, eine Kneipe im Nalleshof. Am Abend. Coran verdrehte die Augen. Er zögerte und wog wahrscheinlich ab, wie weit die Bekanntschaft mit uns und ein Aufenthalt im Nalleshof seinen Ruf beschädigten. Aber dann stimmte er schließlich zu. Wir verabredeten uns alle für den Abend im Salzfass. Bis dahin nutzte ich die Zeit, um ein wenig Schlaf zu bekommen. Als wir uns abends zur Firunsstunde im Salzfass trafen, ging es dort schon gut zur Sache. Das Gasthaus besaß eine kleine, aber feine Arena. Im Ring gingen zwei Faustkämpfer aufeinander los. Außen herum johlte die Zuschauermeute. Einige

Leute gingen durch die Menge und nahmen Wetten an. Viele Leute trugen kleine Salzsäckchen um den Hals. Ich fragte Lynn grinsend, ob sie hier immer noch Salz aus dem Fässchen der Heiligen Elida verkauften. Das musste dann wohl ein riesiges Fässchen sein. Lynn hob kichernd die Schultern. Das Salz, heilig oder nicht, galt als verlässlicher Glücksbringer. Wir sahen uns an und wussten vom anderen, dass er den gleichen Gedanken hatte. Vielleicht war es besser, wir kauften uns auch etwas davon. Doch dann lachten wir beide gleichzeitig und schalten uns gegenseitig abergläubische Flundern. Wenig später stieß Ihre Gnaden zu uns. Sie hatte sich unauffällig in eine mitternachtsblaue Tunika gekleidet, die auf allzu viele Stickereien verzichtete. Nur Coran ließ auf sich warten. Ich lud die Damen ein und machte Konversation, soweit das in einer lauten Hafenkneipe ging. Irgendwann gesellte sich eine dritte Rothaarige zu uns. Eine echte Augenweide. Ein liebreizendes Gesicht, volle Lippen und Haar wie die Glut im Kamin. Der Bug war ebenso adrett wie das Achterdeck.

Das war die Unterstadtführerin? Na, wenn man solche Frauen in der Unterstadt traf, dann erklärte das vielleicht, warum dort immer wieder Leute hingingen. Und falls sie nun gar eine Hexe war, wie die Leute sagten – also die durfte mich gerne verhexen. Endlich wurde dieser Auftrag einmal angenehm. Nur nicht für meinen Geldbeutel, denn natürlich ließ ich es mir nicht nehmen, auch diese

schöne Blüte Havenas für den Abend auszuhalten. Ich war charmant, und die Damen hingen an meinen Lippen. Sogar Ihre Gnaden schien mir zugeneigt. Nur was es mit der Rochentätowierung von Jaemeshs Spießgesellen auf sich hatte, wollte sie mir nicht verraten. Wir wurden uns schnell einig, dass uns die holde Branwen am nächsten Morgen bei Sonnenaufgang zu der Stelle führen würde, die uns der Mann mit dem Rochen beschrieben hatte. Also Coran schließlich auftauchte, ähnlich vermummt wie bei dem Treffen auf der Krakeninsel, hatte ich schon alles in die Wege geleitet. Da wir am nächsten Tag früh raus mussten, blieben wir nicht mehr allzu lange. Ich begleitete Lynn nach Hause, Coran die Geweihte. Branwen versicherte uns lachend, dass sie sehr gut allein zurechtkam. Da ich am Nachmittag geschlafen hatte, war ich noch nicht müde. Während ich dieses Kapitel abschließe, geht vor dem Fenster meiner Kammer die Sonne auf. Lynn schläft im Nebenzimmer. Es ist wohl an der Zeit, sie zu wecken. In meiner Hand liegen zwei Beutelchen mit Salz der Heiligen Elida. Am Ende bin ich doch lieber auf Nummer sicher gegangen.

An Meriwen Saordubh
10. Peraine 1040 BF

Efferd mit Dir, mein Liebling,

Meredin konnte mit meiner Hilfe endlich in Erfahrung bringen, dass mein Verfolger tatsächlich mit Jaemesh zu tun hat. Angeblich war er dabei, als der Junge während eines Tauchgangs auf Schatzsuche in der Unterstadt verschwand. Ich weiß inzwischen, dass dieser Mann dem Kult angehört, vor dem mich Seine Hochwürden gewarnt hat. Meredin und Lynn habe ich davon noch nichts gesagt. Die beiden Schnüffler müssen nicht mehr erfahren, als sie ohnehin schon wissen. Außerdem sind sie auch von allein klug genug, der Aussage dieses Fremden nur bedingt zu trauen.
Dennoch haben wir uns entschlossen, der Spur zu folgen. Keine Sorge, ich werde nicht mit hinuntertauchen. Diese Zeiten sind endgültig vorbei. Aber ich habe etwas Anderes vor, das meinen Freunden und Jaemesh, sofern er überhaupt noch am Leben ist, das ihrige retten kann. Ich gehe davon aus, dass der Kult schon auf der Lauer liegt. Dieser Spion war nur der Anfang. Vermutlich hoffen sie, dass wir Jaemesh und den Schatz finden. Mittlerweile sind seine Hochwürden und auch ich sicher, dass dieser angebliche Schatz etwas mit dem Kult zu tun hat. Mein

innerer Soldat ahnt, dass sie der Expedition auflauern werden, und ich habe nicht vor, sie damit durchkommen zu lassen. Darum habe ich heute Abend vor dem Treffen mit der Unterstadtführerin noch einmal den guten Cian aufgesucht. Wir hatten eine lange Unterredung, und ich weiß, dass ich mich einmal mehr ganz auf ihn verlassen kann. Meredin ist übrigens ein tüchtiger Schlawiner. Wie er heute Abend in der Kneipe allen drei Damen gleichzeitig den Hof gemacht hat. Absolut taktlos. Nun, mir kann es egal sein. Ich würde es ihm nur bei einer Frau nicht vergeben, wenn er ihr schöne Augen machte. Und die ist zu meinem Leidwesen gerade in Honigen. Im Übrigen ist gestern Dein erster Brief angekommen. Ich habe ihn mit Freude gelesen und frage mich, was Du wohl zu den gesammelten Werken sagst, die ich Dir täglich schicke. Nun werde ich mich noch einige Stunden zur Ruhe legen. Der Segen der Zwölfe über Dich, mein Herz. Ich schreibe wieder, wenn alles vollbracht ist.

In Liebe, Dein Coran

VII

Die Unterstadt

Aus den geheimen Memoiren des Glücksritters und Weltenbummlers Meredin Inveric

Den Helden zu spielen, klingt ganz angenehm, wenn man abends in einer Kneipe sitzt. Aber wenn man im kalten Frühnebel in einem schmalen Kahn hockt, mit viel zu wenig Rüstung am Leib und bösen Vorahnungen im Geist, dann ist das Ganze schon weit weniger erstrebenswert. Am besten vorbereitet war wohl Ihre Gnaden. Sie trug ein kurzes, enganliegendes Gewand in den Farben des Meeres. Das Haar hatte sie unter einer schuppenbesetzten Kappe verborgen.

In ihrem perlmuttverzierten Gürtel steckten so nützliche Dinge wie eine Phiole mit heiligem Wasser, ein Gwen Petryl-Stein in einem Glasgefäß und ein gezackter Dolch. In der Hand hielt sie einen Efferdbart – ein eigenartig geformter Dreizack, dessen Spitzen entfernt an eine Klaue erinnern. Auch Lynn und ich hatten uns für einen Tauchgang nur leicht bekleidet. Ich trug einen Rucksack auf dem Rücken, in den ich einige Heiltränke, gestiftet von Coran, ein wenig Nahrung, das Salz der heiligen Elida und zwei Flaschen mit Frischwasser so wasserdicht wie möglich verpackt hatte. Am Gürtel trug ich einen Säbel und ebenfalls einen Dolch. Lynn, die auf Gepäck weitgehend verzichtete hatte, trug ein Entermesser bei sich. Sie fror in ihrer knappen Leinentunika, und ich fragte

mich, wie es ihr erst erging, wenn wir in die kalten Fluten tauchten. Die Geweihte hatte für diese Mission jedem von uns einen handtellergroßen Gwen Petryl überlassen, und Lynn klammerte sich an ihren Stein, als könne ihr das kalte Licht Wärme schenken. Branwen lenkte uns ohne Eile durch die Unterstadt. Fast geräuschlos glitt ihr Boot zwischen den Ruinen hindurch. Wir hatten Ebbe, und das Wasser stand tief.

Es offenbarte uns ein Heer von Muscheln und Algen an den vom Schlick zerfressenen Wänden. Zu Anfang stakte Branwen das Boot wie ein grangorischer Gondoliere. Dann, als wir in tiefere Gewässer vordrangen, ruderte sie. Aufs Genauste hatte ich ihr die Ortsbeschreibung des Fremden wiederholen müssen, ebenso den Hinweis der Bori-Shan, bis sie sich sicher war, die Stelle zu finden. Und schließlich, als die Sonne höher stieg und die Nebel sich ein wenig lichteten, legte sie an einer Ruine an. Ein altes Wohnhaus, vermutete ich.

Die ehemaligen Mauern ragten kniehoch aus dem Wasser. Dazwischen hatte sich aus Sand, Schlamm und Treibgut eine kleine Insel geformt, die wahrscheinlich bei Flut komplett überspült war. Branwen deutete auf eine Ruine nicht weit von unserem fragwürdigen Landesteg. Ein leidlich erhaltenes Haus. Lediglich das Dach und ein weiteres Geschoss waren über der Wasseroberfläche. Deutlich konnte man noch die Reste ehemals prachtvoller Säulen aufragen

sehen, ein Nebengebäude war in sich zusammengestürzt, aber das Hauptgebäude schien noch intakt zu sein. Den Dachgiebel zierte eine fischschwänzige Schlange aus dunklem Marmor. Branwen erklärte uns, dass es sich bei diesem Haus vermutlich um den Palast einer reichen Familie handeln musste. Sie wollte nicht näher heran, da mögliche Trümmerstücke und die unterseeischen Reste kleinerer Nebengebäude zu einer Gefahr für das Boot werden konnten.

Weiter wollte sie uns nicht begleiten. Aber sie versprach, mit ihrem Boot in der Nähe zu warten. Zumindest bis zum Sonnenuntergang. Dann würde sie die Unterstadt auch ohne uns verlassen. Sie wünschte uns Glück. Gilia, die bereits am Ufer Efferds Segen über uns alle gesprochen hatte, hob nun zu einem weiteren Gebet an. Dabei sah sie zum Meer hinaus und breitete die Arme aus. Auf einmal spürte ich ein eigenartiges Prickeln in meiner Brust. Fast schien es mir, als wäre die Luft plötzlich schwer, doch das Salz darin angenehm würzig.

Lynn schien es ähnlich zu gehen. Sie warf mir einen fragenden Blick zu. Ich hob die Schultern. Zum Ende ihres Gebets schloss Gilia die Augen. Sie verharrte einige Augenblicke dem Meer entgegen gewandt, als wolle sie den Wind umarmen. Dann berührte sie uns und erklärte uns, dass wir nun für eine gewisse Zeit in der Lage seien, unter Wasser zu atmen. Sie wies uns an,

ihrer Führung zu folgen, dann ließ sie sich ins Wasser gleiten. Wir folgten dem Beispiel.

Um beide Hände frei zu haben, hatten Lynn und ich unsere Gwen Petryl in den Mund genommen. Die ersten Atemzüge waren verwirrend, das salzige Wasser brannte zwar ein wenig in der Nase, aber wir sogen es ein wie Luft. Das Tageslicht war erstaunlich schwach. Schon nach wenigen Schritt des Tauchens war es nicht viel mehr als ein wehmütiger Schimmer über uns.

Doch die Gwen Petryl-Steine leisteten ausgezeichnete Dienste. Sie strahlten wie grüne und blaue Fackeln. In ihrem Licht erkannten wir die schattenhaften Umrisse alter Mauern, den Algenteppich am Grund und silberblinkende Fische, die unseren Weg kreuzten. Während Lynn und ich uns in der Strömung abmühten, tauchte die Geweihte so gewandt wie ein junger Delfin. Wir folgten den Resten einer breiten Straße über die Trümmerberge hinweg zum Hauseingang. Das zweiflüglige Portal war jedoch geschlossen. Gilia winkte uns, ihr um das Haus herum zu folgen. Der ehemalige Garten war von großblättrigen Wasserpflanzen überwuchert. Die Blätter wiegten sich in der Strömung wie in einem langsamen Tanz. Das Gestrüpp wuchs bis an die Hauswand heran.

In dem Augenblick, als die Geweihte eine Fensteröffnung entdeckte, sah ich aus den Augenwinkeln, dass einige Pflanzen in Bewegung gerieten. Meinem Instinkt folgend

stieß ich einen Warnschrei aus, aber er geriet zu einem hilflosen Gurgeln, und ich verschluckte beinahe meinen Gwen Petryl. Der geneigte Leser sieht, ich beschönige hier nichts. Ein schwarzer Tintenfisch, größer als ich, umschlang meine Fußknöchel.

Blitzschnell zog er mich zu sich heran. Über mir sah ich nur noch Schwärze und sein riesiges Maul. Mit zwei spitzen schnabelartigen Lippen erinnerte es an den Schlund eines Raubvogels. Ich riss meinen Dolch aus dem Gürtel und stach blindlings in die Schwärze über mir. Da wickelte sich ein Tentakel um meine Ellenbeuge. Im nächsten Augenblick packten mich Hände an den Schultern. Zugleich ließ der Druck an Füßen und Arm von mir ab. Ich sah vor mir Gilia, sie trieb das Ding mit ihrem Efferdbart zurück, während Lynn mich rücklings zu der Fensteröffnung zog. Gilia bildete die Nachhut.

Die Stöße mit dem Dreizack schienen den Oktopoden so weit abzuschrecken, dass er wieder zurück ins Dickicht floh. Wir retteten uns ins Haus hinein. Das ehemalige Erdgeschoss war vollständig geflutet. An den Wänden klebten zahllose Austern. Eine fast mannsgroß. Eine kindskopfgroße Perle schimmerte in ihrem Inneren. Gilia gab uns zu verstehen, dass wir uns der Auster auf keinen Fall nähern durften. Sie machte eine eindeutige Geste, die uns sagte, dass wir nicht lange etwas von der Perle haben würden. Wir folgten einer verfallenen Prunktreppe hinauf

ins Obergeschoss. Dort störten wir zwei riesige Muränen auf, die tatsächlich über uns herfielen. Sie besaßen mehrere Zahnreihen mit hässlichen spitzen Zähnen. Wir verteidigten uns mit Dreizack, Säbel und Messer und konnten froh sein, dass niemand verletzt wurde. Dann flüchteten wir vor den Kreaturen der Tiefe die alten Treppenaufgänge hinauf, zwängten uns durch Löcher in den Wänden, an Algenteppichen und den aufgequollenen Resten alter Möbel vorbei, bis wir schließlich durch ein Loch im Boden des zweiten Obergeschosses auf Luft stießen. Einen Schatz fanden wir jedoch nicht.

Wir kletterten heraus und sahen uns um. Muscheln und Schlick überall verrieten uns, dass dieses Geschoss bei Flut zumindest teilweise unter Wasser stand. Wir mussten an einer glitschigen, halbzerfallenen Wand hochklettern, um ins Dachgeschoss zu gelangen. Dabei spürte ich, wie der Segen Efferds von mir abfiel und ich nun wieder wie ein gewöhnlicher Mensch atmete. Dort oben waren die Räumlichkeiten noch halbwegs intakt. Doch auch hier hatten die Außenmauern Risse. Die Bodendielen waren glitschig und aufgequollen. Ein kalter Luftzug ließ uns in unseren nassen Gewändern frösteln. Die zusammengebrochenen Reste alter Betten und ein paar wurmstichige Schränke ließen vermuten, dass sich hier einstmals Schlafkammern befunden hatten. Im Schein unserer Gwen Petryl entdeckte Lynn in einem kleinen, leeren Zimmer eine zusam-

mengekauerte Gestalt. Ein hohlwangiger Mann, bleich, mit Dreitagebart blickte uns ungläubig an. Seien Augen glänzten fiebrig. Die Haut war schlaff, das Haar zerzaust, die Lippen waren aufgesprungen. Ich kramte eine der Wasserflaschen aus meinem Rucksack. Mit zitternden Händen riss der arme Kerl das Getränk an sich und trank in gierigen Schlucken. Ich nahm ihm die Flasche weg, bevor er sich von einem Übermaß übergab. Dann flößte ich ihm alle paar Minuten einige Schlucke ein. So machte ich endlich Bekanntschaft mit Jaemesh Saordubh. Mit heiserer Stimme berichtete er uns davon, dass er seit Tagen hier festsaß, dass er nach einem Schatz geforscht hatte, aber beim Verlassen des Hauses beinahe zur Beute des Oktopoden geworden wäre. Nach zwei Fluchtversuchen hatte er sich hier verschanzt. Das Biest schien nur darauf zu warten, dass er das Haus verließ. Dann war ihm das Elixier mit dem Wasserodem ausgegangen. Seitdem hockte er hier.

Er konnte kaum glauben, dass sein Onkel uns geschickt hatte. Der Schatz? Ja natürlich. Den hatte er bei sich. Aber er war viel kleiner als erwartet. Er zögerte einen Augenblick lang, uns die Beute zu zeigen, doch dann deutete er auf einen Rucksack in der Zimmerecke. Dort fanden sich einige Schmuckstücke, ein rostiger Schlüssel und eine goldene Schale, die wie eine geöffnete Muschel geformt war. Eigenartigerweise schien sie vom Meerwasser unberührt.

Mit dem Oktopoden in Lauerstellung blieb uns wenig Zeit, uns über den Schatz Gedanken zu machen. Gilia schlug vor, noch einmal mit dem Segen Efferds zu tauchen und zu kämpfen. Wenn wir es an der Oberfläche schwimmend versuchten, hatten wir schlechte Karten. Der Oktopode konnte dann von unten angreifen und uns einzeln herunterziehen. Zu mehreren würden wir uns seiner unter Wasser besser erwehren können.

Eine Begegnung mit der Kreatur reichte mir eigentlich. Aber wir konnten schließlich nicht enden wie der junge Saordubh. Also blieb uns keine andere Wahl. Bis es so weit war, wollte Gilia Zwiesprache mit ihrem Herrn halten. Die Gabe, die sie uns geschenkt hatte, hatte an ihrer Kraft gezehrt. Sie erklärte, dass sie einige Zeit in Versenkung verbringen würde, bis sie wieder bereit war, uns ein weiteres Mal durch Efferds Reich zu führen. Und da zahlte es sich aus, dass wir Essen dabei hatten. Es war ein denkwürdiges Picknick auf einem halbzerfallenen Dachboden in der Unterstadt.

Dann ruhten wir uns aus und erzählten uns Geschichten, während wir versuchten, in der kühlen Frühlingsluft nicht zu frieren und den entkräfteten Jaemesh für den Tauchgang zu wappnen. Als Gilia wieder bereit war, mit uns zu sprechen, neigte sich die Praiosscheibe schon gefährlich zum Horizont. Uns blieb höchstens noch eine Stunde bis Sonnenuntergang. Die Flut war einmal gekommen und

gegangen. Nun war Eile geboten. Wieder vollführte die Geweihte den heiligen Ritus und wir spürten, wie sich unsere Atmung veränderte. Dann hieß es tauchen. Mit größter Vorsicht wählten wir unseren Weg nach unten, wir umgingen die Muränen, ebenso wie die eigenartige Riesenauster. Als wir das Haus verließen, war der Oktopode schon bereit. Er stürzte sich auf Gilia, die als Erste durch das Fenster glitt.

Aber die Geweihte war vorbereitet. Mit dem Dreizack trieb sie die Bestie immer wieder ein Stück zurück, bis Lynn und ich an ihre Seite eilten und auf die Fangarme der Kreatur einstachen. Ich führte den Säbel, so gut es ging. Der Wasserwiderstand machte mir zu schaffen, aber dennoch schlugen unsere Angriffe den Oktopoden in die Flucht. Er verkroch sich erneut im Dickicht, folgte uns aber in sicherem Abstand. Wir nahmen Jaemesh zwischen uns. Diesmal bildete Gilia mit ihrem Dreizack die Nachhut. Es oblag Lynn und mir, den Weg zurückzufinden. Ich will meine geschätzten Leser nicht mit jeder Kleinigkeit langweilen, die uns noch begegnete, aber sagen wir einfach, es war ein langer Weg zurück zum Boot. Als wir endlich auftauchten, stand statt der Sonne der Mond am Himmel. Branwen war noch da. Aber sie drängte uns zur Eile und schalt uns, dass sie kurz davor gewesen sei, heimzufahren. Ich kann gar nicht beschreiben, welch schönes Gefühl es war, wieder in ihrem Boot zu sitzen. Mit Holz zwischen

uns und den Schrecken der Unterstadt. Lynn schien es ähnlich zu gehen. Sie umarmte mich vor Glück. Als ich ihr einen Kuss gab, erwiderte sie ihn leidenschaftlicher, als ich erwartet hatte.
Meine Hände tasteten unbemerkt nach dem rostigen Schlüssel in einer versteckten Tasche meiner Tunika, die ich heute früh noch eigenhändig hineingenäht hatte. Dieser Schlüssel aus Jaemeshs Gepäck sieht genauso aus wie etwas, das man bei der Bori-Shan bekommen kann. Nach allem, was wir wissen, könnte es sich dabei um das Ding handeln, das alle möglichen Türen öffnet. Ich habe Jaemesh von der Last dieses Artefakts befreit. Schließlich hat die Blaue Frau mir doch gesagt, dass mein Gut auf mich wartet. Ich bin ziemlich sicher, dass ich es nun gefunden habe. Mit dieser Belohnung bin ich fürs Erste sehr zufrieden. Was ich damit anstellen werde? Nun, das ist eine andere Geschichte für ein anderes Buch.

An Meriwen Saordubh, Honingen
11. Peraine 1040 BF

Liebe Meriwen,

Es ist geglückt. Meine Intuition hat sich einmal mehr bezahlt gemacht. Wir haben den Kult besiegt. Zumindest jenen Teil, der sich gestern in die Unterstadt wagte. Stun-

denlang lagen wir bei der vereinbarten Anlegestelle auf der Lauer. Auf den Dächern und hinter Schutt verborgen. Die Sonne sank, und der Mond ging auf. Es herrschte wieder Ebbe. Und endlich kam Branwens Boot zurück. Man muss der jungen Dame lassen, dass sie in dieser nicht ganz einfachen Lage ausgezeichnet navigierte. Doch kaum hatte sie den Landesteg erreicht, da näherte sich eine Gruppe Bewaffneter. Von da an ging alles sehr schnell. Unsere Bogenschützen griffen ein, bevor die Schufte über unsere Rückkehrer herfallen konnten. Dann spielten wir noch ein wenig Katz und Maus zwischen den Ruinen, aber schlussendlich haben wir alle erwischt. Die Details erspare ich Dir lieber. Sagen wir einfach, es gab zu meinem Leidwesen keine Überlebenden unter unseren Feinden. Auch der Mann mit der Rochentätowierung ist nicht mehr.

Ihre Gnaden kümmerte sich um deren Abtransport. Wie froh war ich, Jaemesh wiederzusehen. Sie hatten ihn doch tatsächlich gefunden. Ein Teil von mir war schon fest davon überzeugt gewesen, dass sie mir höchstens seinen Leichnam bringen würden. Er sah erschöpft und krank aus, aber er lebte. Ein wenig Widerstand leistete er noch, als Ihre Gnaden seinen Schatz konfiszierte, aber im Grunde war er dann bereits mit dem heißen Grog zufrieden, den ich ihm in die Hand drückte. Ihre Gnaden gab mir zu verstehen, dass sie den Teil des Schatzes sichergestellt hatte, auf den die Kultisten es abgesehen hatten. Sie sagte mir

nicht, um was es sich dabei handelte, und um ehrlich zu sein, wollte ich es auch gar nicht wissen. Jaemesh schwor mir, dass er nichts über den Kult wusste. Er hätte keine Ahnung, auf was er sich da eingelassen hatte. Als ich ihm klipp und klar sagte, dass ich ihn, wenn er sich weigerte, in Zukunft den Unsinn sein zu lassen, aufs nächste Marineschiff prügeln würde, überraschte der Junge mich. Er versicherte mir, das sei nicht nötig, denn von nun an wolle er ein anständiges Leben anfangen. Vielleicht ist das nur der Schrecken der letzten Tage, der da aus ihm spricht, oder der Schock über den Tod seines Vaters. Was auch immer es ist, ich hoffe, dass er die Möglichkeit eines Neuanfangs nutzt. Ich habe schon mit ein paar alten Freunden aus der Admiralität gesprochen. In drei Tagen heuert er auf einer unserer Fregatten an. Was Meredin betrifft, so werde ich den wohl eine ganze Weile nicht mehr sehen. Ich habe ihn und seine Lynn fürstlich bezahlt. Alles in allem haben sie sich den Lohn auch redlich verdient. Sie nahmen das Geld dankend entgegen und spazierten Arm in Arm aus meinem Leben. Nun sitze ich hier am Kamin, trinke Armey und sehe Alrik dabei zu, wie er geräuschvoll einen Rinderknochen verzehrt. Hoffentlich kommst Du bald nach Hause. Sonst wird es hier am Ende noch langweilig.

Erschöpfte und glückliche Grüße,
Dein Coran

Glossar

Alter Tempel:	der ältere Efferdtempel der Stadt in Fischerort
Armey:	Schnaps aus dem Windhag
Blodbrook:	Richtstätte Havenas
Der Launische:	Beiname des Efferd
Der Listenreiche:	Beiname des Phex
Der Unbändige:	Beiname des Efferd
Der Unergründliche:	Beiname des Efferd
Die gelbe Seerose:	Vereinigung vornehmer Diebe
Die Heilige Elida:	Elida von Salza, Heilige der Efferdkirche
Dockschwalbe:	Prostituierte
Eternenmarmor:	wertvoller Marmor aus Südaventurien
Euer Gnaden:	Anrede für eine(n) Geweihte(n)
Euer Hochwürden:	Anrede für eine(n) Tempelvorsteher(in)
Fanfare:	kurz für Havena-Fanfare, die lokale Gazette
Feengeist:	lokaler Schnaps
Gagelbier:	Bier, versetzt mit den Früchten des Gagelstrauchs, beliebt in Albernia

Goldbrannt: albernischer Schnaps, auch Anornîn genannt

Gwen Petryl: Leuchtstein, der blaues oder grünes Licht erzeugt.

Gischt und Brandung: verflixt und zugenäht

Havenabier: lokales Bier

Herr der Gezeiten: Beiname des Efferd

Imman: beliebtes Mannschaftsspiel

Kapitän Arbolans Fort: abwertende Bezeichnung Havenas, bezogen auf den Stadtgründer Kapitän Arbolan

Katla: ein unberechenbarer Wind im Meer der Sieben Winde, der hohe Flutwellen verursacht

Kaventsmann: große Welle

Lata: sagenumwobene Riesenschildkröte, die unter Havena lebt

Mohagoni: aventurische Bezeichnung von Mahagoni

Moorburg: Gefängnis außerhalb der Stadt

Muhrsape: Sumpfgebiet im Umland Havenas

Premer Feuer: beliebter Schnaps aus Thorwal

Punipan: marzipanartige Süßigkeit aus Punin

Rapiro Floretti: Held einer beliebten Schundromanreihe

Raschtulswaller: edler Rotwein aus Mhanadistan

Ruadas Ehr:	Kriegerakademie in Havena
Praiosscheibe:	Sonne
Salzarele:	verbreitete Fischart
Trockendock:	Ausnüchterungszelle

Götternamen der Tagesstunden

Praios	**0:00 – 1:00**	**12:00 – 13:00**
Rondra	**1:00 – 2:00**	**13:00 – 14:00**
Efferd	**2:00 – 3:00**	**14:00 – 15:00**
Travia	**3:00 – 4:00**	**15:00 – 16:00**
Boron	**4:00 – 5:00**	**16:00 – 17:00**
Hesinde	**5:00 – 6:00**	**17:00 – 18:00**
Firun	**6:00 – 7:00**	**18:00 – 19:00**
Tsa	**7:00 – 8:00**	**19:00 – 20:00**
Phex	**8:00 – 9:00**	**20:00 – 21:00**
Peraine	**9:00 – 10:00**	**21:00 – 22:00**
Ingerimm	**10:00 – 11:00**	**22:00 – 23:00**
Rahja	**11:00 – 12:00**	**23:00 – 24:00**